Peter Bühler · Patrick Schlaich · Dominik Sinner

Medienrecht

Urheberrecht – Markenrecht – Internetrecht

2. Auflage

Springer Vieweg

Peter Bühler
Heubach, Deutschland

Patrick Schlaich
Kippenheim, Deutschland

Dominik Sinner
Konstanz, Deutschland

ISSN 2520-1050 ISSN 2520-1069 (electronic)
Bibliothek der Mediengestaltung
ISBN 978-3-662-66666-1 ISBN 978-3-662-66667-8 (eBook)
https://doi.org/10.1007/978-3-662-66667-8

Die Deutsche Nationalbibliothek verzeichnet diese Publikation in der Deutschen Nationalbibliografie; detaillierte bibliografische Daten sind im Internet über ► http://dnb.d-nb.de abrufbar.

Planung/Lektorat: David Imgrund
Springer Vieweg ist ein Imprint der eingetragenen Gesellschaft Springer-Verlag GmbH, DE und ist ein Teil von Springer Nature.
Die Anschrift der Gesellschaft ist: Heidelberger Platz 3, 14197 Berlin, Germany

Vorwort

The Next Level – aus dem Kompendium der Mediengestaltung wurde die Bibliothek der Mediengestaltung.

Im Jahr 2000 ist das „Kompendium der Mediengestaltung" in der ersten Auflage erschienen. Im Laufe der Jahre stieg die Seitenzahl von anfänglich 900 auf über 2.700 Seiten an, so dass aus dem zunächst einbändigen Werk in der 6. Auflage vier Bände wurden. Trotz dieser Verbesserung haben wir von Ihnen, liebe Leserinnen und Leser, die Rückmeldung erhalten, dass die dicken Bände – im wahrsten Sinne des Wortes – untragbar seien.

Dies führte uns zu dem Entschluss, das Kompendium zu modularisieren und in eine Bibliothek der Mediengestaltung, bestehend aus 26 Theorie- und 4 Praxisbänden, aufzuteilen. Diese Aufteilung wurde von Ihnen, liebe Leserinnen und Leser, sehr begrüßt, denn schmale Bände bieten eine Reihe von Vorteilen. Sie sind erstens leicht und kompakt und können damit viel besser in der Schule oder Hochschule eingesetzt werden. Zweitens können wir nun auf Veränderungen in der Medienbranche schneller und flexibler reagieren. So liegen einige Bände bereits in der 2. Auflage vor. Und drittens lassen sich die schmalen Bände günstiger produzieren, so dass alle, die das Gesamtwerk nicht benötigen, auch einzelne Themenbände erwerben können.

Bei der Auswahl und Aufteilung der Themen haben wir uns – wie beim Kompendium auch – an den Rahmenplänen, Studienordnungen und Prüfungsanforderungen der Ausbildungs- und Studiengänge der Mediengestaltung orientiert. Eine Übersicht über die insgesamt 30 Bände der Bibliothek der Mediengestaltung finden Sie auf der rechten Seite.

Die Bibliothek der Mediengestaltung richtet sich an alle, die eine Ausbildung oder ein Studium im Bereich der Digital- und Printmedien absolvieren oder die bereits in dieser Branche tätig sind und sich fortbilden möchten. Weiterhin richtet sich die Bibliothek der Mediengestaltung aber auch an alle, die sich in ihrer Freizeit mit der professionellen Gestaltung und Produktion digitaler oder gedruckter Medien beschäftigen. Zur Vertiefung oder Prüfungsvorbereitung enthält jeder Band zahlreiche Übungsaufgaben mit ausführlichen Lösungen. Zur gezielten Suche finden Sie im Anhang ein Stichwortverzeichnis. Alternativ können Sie auf bi-me.de, der begleitenden Website zur Bibliothek, Stichworte eingeben, nach denen dann in allen Bänden gesucht wird.

Ein herzliches Dankeschön geht an Herrn David Imgrund und sein Team vom Verlag Springer Vieweg für die Unterstützung und Begleitung dieses Projekts sowie an unsere langjährige Lektorin Frau Ursula Zimpfer. Ein großes Dankeschön gebührt aber auch Ihnen, unseren Leserinnen und Lesern, die uns in den vergangenen zwanzig Jahren immer wieder auf Fehler hingewiesen und Tipps zur weiteren Verbesserung der Bücher gegeben haben.

Wir sind uns sicher, dass die Bibliothek der Mediengestaltung eine zeitgemäße Fortsetzung des Kompendiums darstellt. Ihnen, unseren Leserinnen und Lesern, wünschen wir ein gutes Gelingen Ihrer Ausbildung, Ihrer Weiterbildung oder Ihres Studiums der Mediengestaltung und nicht zuletzt viel Spaß bei der Lektüre.

Heidelberg, im Frühjahr 2023
Peter Bühler
Patrick Schlaich
Dominik Sinner

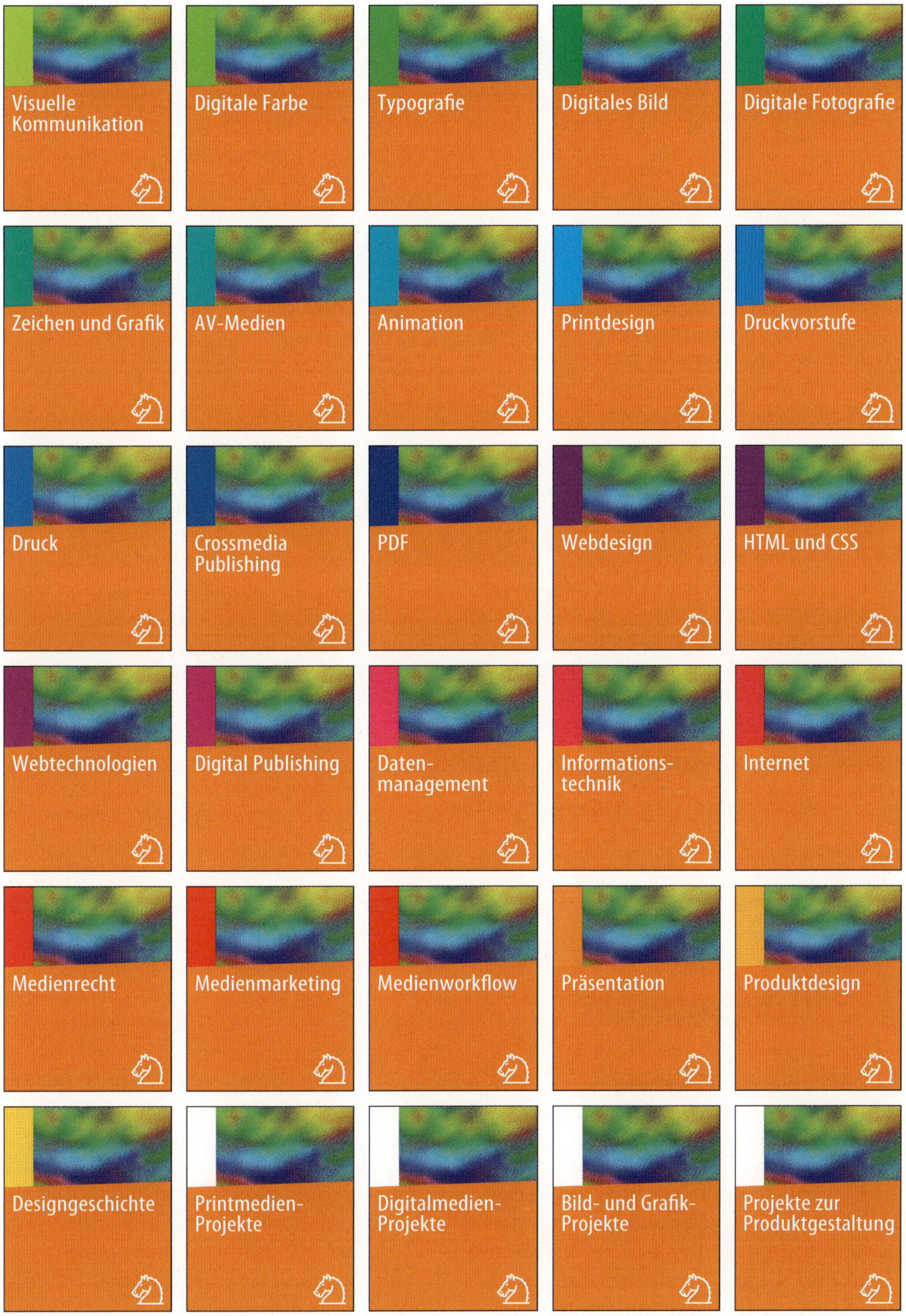

Bibliothek der Mediengestaltung

Die Übersicht zeigt 26 eher theoretische Bände sowie (unten rechts) 4 Praxisbände, in denen ausschließlich Projekte beschrieben sind. Alle hierfür erforderlichen Dateien finden Sie auf bi-me.de.

Inhaltsverzeichnis

1.1 Zum Inhalt dieses Buches

1.1.1 Themenbereiche

Bei der Gestaltung von Print- und Digitalmedien können z. B. folgende Rechtsfragen für Sie relevant werden:

- *Urheberrecht:*
  Welche Rechte haben Sie als Fotograf/-in oder Gestalter/-in, wenn Sie ein Foto erstellen, ein Logo oder eine kreative Webseite gestalten?
- *Verwertungs- und Nutzungsrechte:*
  Auf welche Art und Weise dürfen Sie oder andere etwas veröffentlichen?
- *Rechte von Personen:*
  Wann benötigen Sie von abgebildeten Personen eine Erlaubnis zur Veröffentlichung?
- *Rechte an Gegenständen:*
  Wann müssen Sie bei einer abgebildeten Sache eine Genehmigung einholen?
- *Marken- und Designrecht:*
  Ähnelt das von Ihnen gestaltete Logo zu sehr einem bereits exisiterenden Logo?
- *Wettbewerbsrecht:*
  Welche Werbeaussagen sind zulässig und welche sind verboten?
- *Datenschutz:*
  Welche Informationen dürfen Sie auf einer Webseite sammeln, verarbeiten und speichern?
- *Impressum:*
  Wann benötigen Sie ein Impressum und welche Angaben sind erforderlich?

Dieses Buch möchte Ihnen auf diese und weitere Fragen Antworten geben. Hierzu werden die relevanten Gesetze und Vorschriften thematisiert und Beispiele geschildert.

Ein wichtiger Punkt im Umgang mit Medienrecht ist sicherlich, dass es im Alltag immer um Einzelfälle geht, die daher ggf. auch einzeln von einem Juristen geprüft werden müssen. Urteile spielen im Medienrecht – wie auch in anderen Rechtsgebieten – eine bedeutende Rolle, da sie klären, wie im Einzelfall die Gesetze auszulegen sind. Dies ist insbesondere deswegen von Bedeutung, da sich die Medienwelt in manchen Bereichen immer noch rasant entwickelt.

1.1.2 Zielgruppe

Das Buch soll einerseits möglichst exakt die aktuelle Rechtslage erläutern, andererseits die Inhalte so anschaulich und leicht verständlich wie möglich vermitteln. Zielgruppe dieses Buches sind Anwender/-innen, die in der Medienproduktion tätig sind und einen Einblick in die wichtigsten relevanten Rechtsgebiete bekommen möchten.

1.1.3 Umgang mit Gesetzestexten

Grundlage dieses Buches sind die rechtlichen Bestimmungen des Jahres 2022 der für Deutschland geltenden Gesetze. An einigen Stellen werden auch Bestimmungen für das Ausland thematisiert, darauf wird dann gesondert hingewiesen. Es wurde bewusst darauf verzichtet, die Gesetzestexte im Wortlaut abzudrucken, Sie finden die Gesetze in der aktuellen Fassung im Internet unter gesetze-im-internet.de (Bundesministerium der Justiz und für Verbraucherschutz) oder unter dejure.org (mit Kommentaren und Urteilen).

P. Bühler et al., *Medienrecht*, Bibliothek der Mediengestaltung,
https://doi.org/10.1007/978-3-662-66667-8_1

1.2 Begriffsdefinitionen

Einige in diesem Buch wiederkehrende Begriffe werden in diesem Kapitel näher erläutert:

Datenschutz
Beim Datenschutz geht es darum, personenbezogene Daten (z. B. Vermögensverhältnisse, Krankheiten, Religionszugehörigkeit) besonders vor unbefugtem Zugriff zu schützen.

Lichtbild
In Gesetzestexten wird nicht von Fotografien gesprochen, sondern von „Lichtbildern"; gemeint ist damit, dass es sich um Abbildungen handelt, für die auftreffendes Licht verantwortlich ist, wie bei Analog- oder Digitalfotos.

Medien
Medien sind Kommunikationsmittel, sie enthalten Informationen in Form von Text, Bild, Bewegung oder Ton. Manche Medien sind „greifbar" (z. B. Zeitung), andere nicht (z. B. ein Musikstück im Radio).

Rechtlich wird daher zwischen einer materiellen (Musiknotenblätter) und einer immateriellen (abgespieltes Lied) Verwertung von Medien unterschieden.

Medienrecht
Unter dem Begriff Medienrecht werden all jene rechtlichen Vorgaben zusammengefasst, die im Umgang mit Medien eine Rolle spielen. Es gibt hierbei nicht ein allumfassendes „Mediengesetz", sondern viele einzelne Gesetze, die eine mehr oder weniger große Rolle spielen.

Natürliche/juristische Person
Einer natürliche Person ist ein Mensch mit Rechten und Pflichten. Eine juristische Person hingegen ist kein Mensch, sondern eine Personenvereinigung oder eine Vermögensmasse, die als solche auch Trägerin eigener Rechte und Pflichten ist.

Nutzung
Spricht man von der Nutzung eines Werkes, ist damit eine rechtlich relevante Verwendung des Werkes gemeint, also z. B. die Verwendung eines Fotos auf einer Website.

Urheber
Ein Urheber ist derjenige, welcher für die Schöpfung eines Werkes verantwortlich ist.

Veröffentlichung
Mit einer Veröffentlichung ist gemeint, dass etwas der Öffentlichkeit zugänglich gemacht wird. Streng genommen handelt es sich bereits bei zwei Personen um eine „Öffentlichkeit", d. h., wenn jemand ein Foto, das er oder sie gemacht hat, einer weiteren Person zeigt, ist dies bereits als Veröffentlichung zu verstehen.

Verwertung
Mit der Verwertung von Medien ist im Prinzip auch eine Veröffentlichung gemeint. Wobei die Verwertung meist eine Verwendung eines Mediums gegen Bezahlung meint, daher auch „VerWERT-ung".

Werk
Als „Werke" werden „persönliche geistige Schöpfungen" bezeichnet, die nach Urheberrecht besonderen Schutz genießen.

1.3 Gerichtsbarkeit in Deutschland

Die meisten Gerichtsverfahren werden vor deutschen Gerichten verhandelt. Betrifft das Verfahren EU-Recht oder muss geprüft werden, ob Menschenrechte verletzt werden, dann sind ggf. europäische Gerichte zuständig.

Während Zivil- und Strafsachen, und damit auch die meisten Medienrechtsfälle, vor der in der Grafik dargestellten „Ordentlichen Gerichtsbarkeit" verhandelt werden, gibt es für andere Verfahren weitere Gerichtsbarkeiten mit ihren jeweiligen Zuständigkeitsbereichen.

Ordentliche Gerichtsbarkeit

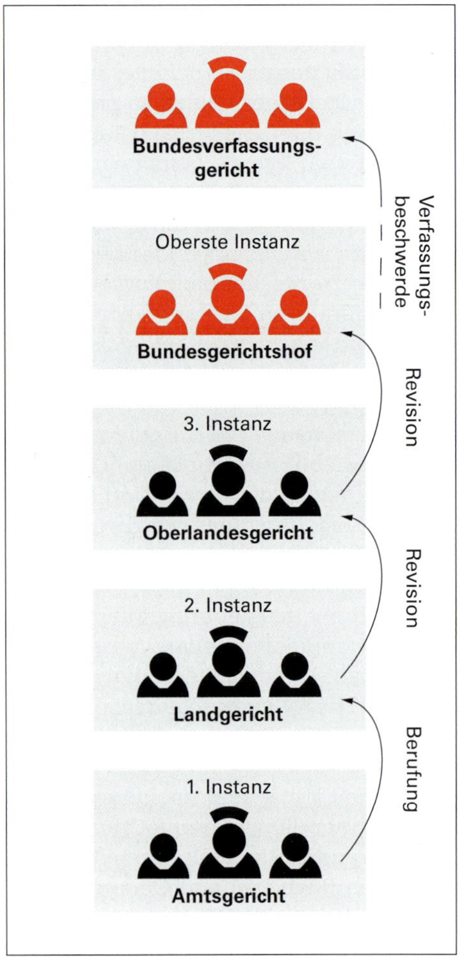

1.3.1 Ordentliche Gerichtsbarkeit

Ein Verfahren vor der Ordentlichen Gerichtsbarkeit kann vor folgenden Gerichten verhandelt werden:

Amtsgericht (AG)
Das Amtsgericht stellt die erste Gerichtsinstanz dar, es ist für kleine zivilrechtliche Fälle und leichte strafrechtliche Vergehen zuständig. Beim Amtsgericht herrscht keine pauschale Anwaltspflicht.

Landgericht (LG)
Das Landgericht ist die zweite Instanz und zuständig, wenn im Amtsgericht Berufung eingelegt wurde. Andererseits ist das LG in erster Instanz zuständig, wenn schwerere zivilrechtliche oder strafrechtliche Vergehen vorliegen.

Oberlandesgericht (OLG)
Das Oberlandesgericht ist die dritte Instanz. Es ist zuständig, wenn am LG Revision gegen das Urteil des Landgerichtes eingelegt wird.

Bundesgerichtshof (BGH)
Der Bundesgerichtshof in Karlsruhe ist die oberste Instanz. Er beschäftigt sich überwiegend mit Revisionsurteilen der Landgerichte und Oberlandesgerichte, es findet hauptsächlich eine rein rechtliche Prüfung der vorangegangenen Urteile statt.

Bundesverfassungsgericht (BVerfG)
Verstößt ein Urteil gegen die Verfassung kann eine Verfassungsbeschwerde beim BVerfG eingereicht werden. Dadurch wird das BVerfG jedoch nicht zu einer über dem Bundesgerichtshof stehenden Instanz, sondern prüft nur seine Entscheidungen und hebt diese ggf. auf.

1.3.2 Verwaltungsgerichtsbarkeit

Vor Verwaltungsgerichten werden Angelegenheiten verhandelt, die das Verwaltungsrecht betreffen, also z. B. Streitigkeiten, bei denen es um die DSGVO geht. Die Instanzen sind:

- Verwaltungsgericht
- Oberverwaltungsgericht
- Bundesverwaltungsgericht

1.3.3 Finanzgerichtsbarkeit

Die Finanzgerichte befassen sich mit öffentlich-rechtlichen Streitigkeiten, z. B. wenn es um Steuern geht. Die Instanzen sind:

- Finanzgericht
- Bundesfinanzhof

1.3.4 Sozialgerichtsbarkeit:

Sozialgerichte befassen sich mit Konflikten, die die Sozialversicherungen betreffen. Die Instanzen sind:

- Sozialgericht
- Landessozialgericht
- Bundessozialgericht

1.3.5 Arbeitsgerichtsbarkeit

Arbeitsgerichte befassen sich mit Konflikten, die das Arbeitsleben betreffen, außer, wenn Sozialversicherungen betroffen sind. Die Instanzen sind:

- Arbeitsgericht
- Landesarbeitsgericht
- Bundesarbeitsgericht

1.3.6 Bundespatentgericht

Das Bundespatentgericht befasst sich mit der Erteilung von Patenten und Eintragung von Marken. Hier gibt es keine Instanzen.

Europäische Gerichte

1.4 Europäische Gerichte

1.4.1 Gerichtshof der Europäischen Union (EUGH)

Vor dem Gerichtshof der Europäischen Union (EUGH) werden Sachverhalte geklärt, die die Auslegung von Unionsrecht betreffen. Regelmäßig werden Fälle vom Bundesgerichtshof zur Klärung an den EUGH weitergereicht.

1.4.2 Europäischer Gerichtshof für Menschenrechte (EGMR)

Wenn sich z. B. jemand durch Entscheidungen des BGH oder des BVerfG in seinen Menschenrechten verletzt fühlt, besteht die Möglichkeit, die Bundesrepublik Deutschland zu verklagen.

Urteile des EGMR können die Entscheidungen der deutschen Gerichte nicht aufheben, daher wird ggf. die Bundesrepublik Deutschland dazu verurteilt, eine Strafe wegen mangelnden Rechtsschutzes zu zahlen.

1.5 Rechtsmittel

1.5.1 Abmahnung und Unterlassung

Die Verfolgung von Ansprüchen beginnt in der Regel mit einer anwaltlichen Abmahnung. Ein solches Schriftstück kann per Brief, E-Mail oder Fax versendet werden.

Der Verletzer von Rechten wird nach § 97a UrhG auf seinen Fehler hingewiesen und ihm wird die Gelegenheit gegeben, den Streit durch Abgabe einer Unterlassungsverpflichtung beizulegen, die mit einer angemessenen Vertragsstrafe versehen ist.

Diese „Unterlassung" beinhaltet, dass der Rechtsverletzer den Verstoß beseitigt – z. B. einen Text löscht oder eine Domain freigibt – und so die Wiederholungsgefahr ausräumt. Kommt er dem Verlangen nach Abgabe einer solchen Unterlassungserklärung nicht nach, droht ihm eine gerichtliche Auseinandersetzung. Hierauf muss er in der Abmahnung ausdrücklich hingewiesen werden.

1.5.2 Gegendarstellung

Eine Gegendarstellung ist eine Darstellung eines Sachverhalts, über den zuvor in einem Medium berichtet worden war, durch den Betroffenen selbst, wobei die Richtigkeit einer Tatsachenbehauptung hier nicht entscheidend ist. Es geht lediglich darum, die Position der anderen Seite darzulegen.

1.5.3 Berichtigungsanspruch

Im Unterschied zur Gegendarstellung ist für die Richtigstellung und den Widerruf relevant, dass es sich um eine falsche Tatsachenbehauptung gehandelt hat. Der Berichtigungsanspruch kann als Widerruf erfolgen, wenn etwas nicht den Tatsachen entsprach, oder als Richtigstellung, dies stellt eine nachträgliche Einschränkung der Mitteilung ohne vollständigen Widerruf dar.

1.5.4 Schadensersatz und Schmerzensgeld

Schadensersatz ist ein Anspruch auf finanziellen Ausgleich für Vermögensschäden und immaterielle Schäden.

Schmerzensgeld ist ein Anspruch auf finanziellen Ausgleich für immaterielle Schäden. Neben Körperschäden zählen hierzu auch Unannehmlichkeiten, seelische Belastungen und sonstige Unwohlgefühle.

1.5.5 Strafrecht und Zivilrecht

Zivilrecht regelt die Ansprüche der Bürger untereinander. Hierzu gehören u. a. Streitigkeiten aus Vertragsverhältnissen, Eigentum, unerlaubten Handlungen, Erbschaften und familienrechtliche Auseinandersetzungen.

Strafrecht betrifft das Verhältnis des Staates zum Bürger, sofern dieser ggf. eine Straftat begangen hat, wie beispielsweise Diebstahl, Betrug, Körperverletzung usw.

1.5.6 Rechtsmittel gegen Urteile

Berufung
Die Berufung ist ein Rechtsmittel zur Überprüfung eines gerichtlichen Urteils durch ein übergeordnetes Gericht. Die Berufung überprüft einen Fall aus rechtlicher und tatsächlicher Sicht.

Revision
Die Revision ist ein Rechtsmittel zur Überprüfung eines gerichtlichen Urteils durch ein übergeordnetes Gericht. Die Revision überprüft einen Fall nur aus rechtlicher Sicht.

1.6 Interessenkonflikte

Nicht selten kommt es vor, dass bei Medienrechtsfällen die Rechtslage nicht eindeutig ist. Verschiedene Sichtweisen sind denkbar und je nachdem, wie man argumentiert, können selbst Gerichtsverfahren unterschiedlich ausgehen. Auch enthalten Gesetze oft Ausnahmen, wodurch es schnell kompliziert wird.

Das in der Grafik dargestellte Beispiel zeigt einen solchen Fall. Man könnte annehmen, dass man als Urheber eines Fotos vor jeder Veröffentlichung gefragt werden muss. Laut § 15 UrhG gilt schließlich: „Der Urheber hat das ausschließliche Recht, sein Werk in körperlicher Form zu verwerten". Eine Veröffentlichung ist also nur rechtmäßig, wenn für die Verwendung bezahlt wurde bzw. eine Genehmigung vorliegt.

Durch das Zitatrecht (§ 51 UrhG) ist es aber tatsächlich in manchen Fällen zulässig, dass zur Berichterstattung oder für wissenschaftliche Zwecke eine Abbildung verwendet wird, „auch wenn diese selbst durch ein Urheberrecht oder ein verwandtes Schutzrecht geschützt ist".

Hier zwei Beispielfälle, die beide § 51 UrhG betreffen und zeigen, wie unterschiedlich Verfahren ausgehen können:

Beispielfall „Glyphosat-Gutachten"
Das Online-Portal FragDenStaat hatte ein Gutachten über die Gesundheitsrisiken des Pflanzenschutzmittels Glyphosat ohne Genehmigung des Urhebers online gestellt.

Das LG Köln hat im Urteil vom 12.11.2020 (AZ 14 O 163/19) entschieden, dass die Veröffentlichung nach § 51 UrhG rechtens war.

Beispielfall „Thilo Sarrazin"
Ein Nachrichtenmagazin hatte Kernthesen aus einem Buch von Thilo Sarrazin wörtlich, ohne Genehmigung und vor der Veröffentlichung des Buches wiedergegeben.

Das LG Köln hat im Urteil vom 13.08.2020 (AZ 14 O 77/19) entschieden, dass die Veröffentlichung rechtswidrig war und § 51 UrhG hier nicht anwendbar ist.

Beispiel Zitatrecht

Beispiel:
Ist es erlaubt, ohne Genehmigung des Urhebers, in einer Zeitung ein Foto abzudrucken, damit sich die Leser etwas besser vorstellen können, als dies nur über Text möglich wäre?

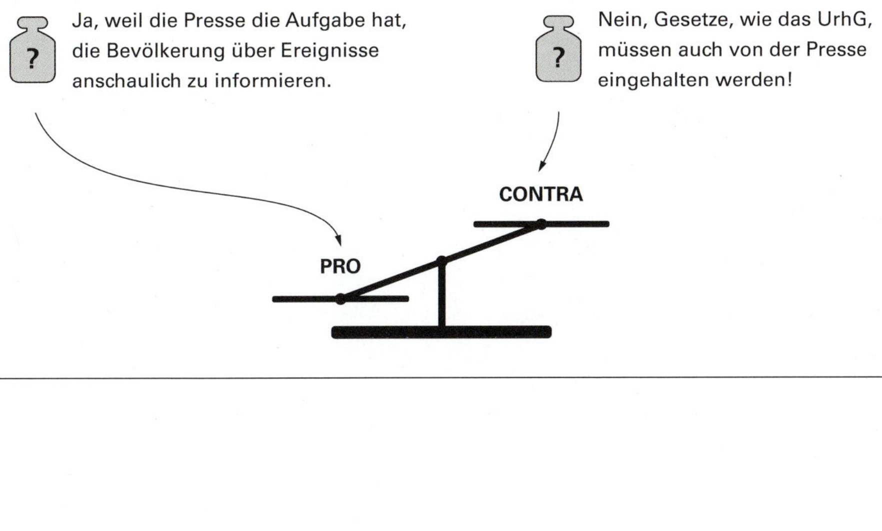

1.7 Zusammenspiel der Rechtsvorschriften

1.7.1 Bilder

Am unten abgebildeten Foto wird das Zusammenspiel von medienrechtlichen Vorgaben aufgezeigt:

- *Urheberrecht:*
  Der Fotograf hat Urheberrechte am Foto, geregelt wird dies durch das UrhG (Gesetz über Urheberrecht und verwandte Schutzrechte).
- *Verwertungs- und Nutzungsrechte:*
  Das UrhG klärt z. B., wer ein Foto veröffentlichen darf.
- *Persönlichkeitsrecht:*
  Auf diesem Foto sind Personen **A** zu sehen, deren Gesichter erkennbar sind. Ob diese Personen ihr „Recht am eigenen Bild" geltend machen können, oder ob sie „Beiwerk" sind, regelt das KunstUrhG (Gesetz betreffend das Urheberrecht an Werken der bildenden Künste und der Photographie).
- *Datenschutz:*
  Sind im Foto personenbezogene Daten enthalten, die nach DSGVO (Datenschutz-Grundverordnung) einer Veröffentlichung im Wege stehen? Hierzu gehören z. B. Gesichter **A** und Autokennzeichen **F**, diese wurden daher hier verpixelt.
- *Rechte an Gegenständen:*
  Muss vom Architekt des Gebäudes **B** eine Erlaubnis eingeholt werden? Ist die Schaufenstergestaltung **C** rechtlich relevant? Hier gibt das UrhG Auskunft. Hat der Designer des Autos **D** Rechte an dem Foto? Hier hilft das DesignG (Gesetz über den rechtlichen Schutz von Design) weiter.
- *Rechte an Logos:*
  Ob die Abbildung des Logos **F** rechtlich problematisch ist, ist einerseits im UrhG geregelt, andererseits im MarkenG (Gesetz über den Schutz von Marken und sonstigen Kennzeichen).

Bei der Klärung der rechtlichen Belange bezüglich einer Veröffentlichung dieses Fotos haben wir es also mit dem UrhG, dem KunstUrhG, dem MarkenG, dem DesignG und der DSGVO zu tun.

Beispielfoto
Innenstadtszene in Dresden

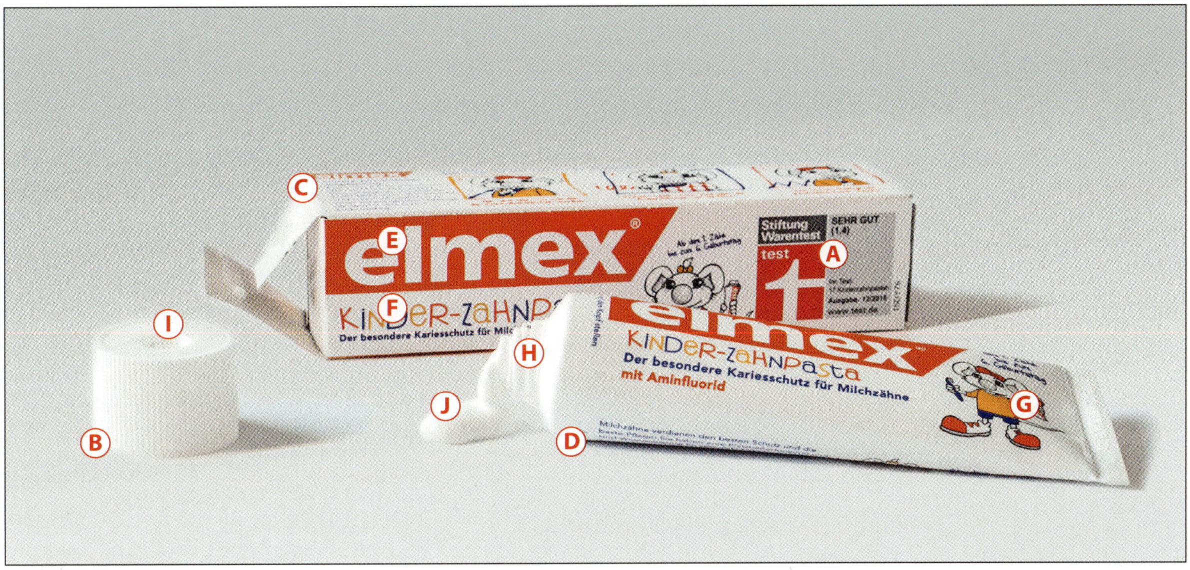

Kinderzahnpasta „elmex"

Tube mit Deckel, Faltschachtel und Produktinhalt

1.7.2 Produkte

Am oben abgebildeten Produkt wird das Zusammenspiel von medienrechtlichen Vorgaben aufgezeigt:

- *Angaben auf den Verpackungen:*
  Die Angaben auf der Tube und der Schachtel, wie z. B. ein Testergebnis **A** oder Angaben zu Inhaltsstoffen oder über den Herstellungsort, müssen nach dem UWG (Gesetz gegen den unlauteren Wettbewerb) korrekt sein. Es dürfen keine falschen Versprechungen z. B. zur Wirkung gemacht werden. Auch kann es als Täuschung gewertet werden, wenn wichtige Angaben fehlen.
- *Formgebung:*
  Bei der Erscheinungsform eines Erzeugnisses oder Einzelteils (**B**, **C**, **D**) können nach dem DesignG (Designgesetz) folgende Elemente geschützt sein: Linien, Konturen, Farben, Gestalt, Oberflächenstrukturen, Werkstoffe und Verzierungen. Der Schutz nach dem DesignG muss wie auch beim MarkenG (Gesetz über den Schutz von Marken und sonstigen Kennzeichen) beantragt werden und ist kostenpflichtig. Wenn die Erscheinungsform eine „persönliche, geistige Schöpfung" darstellt, ist auch der automatische Schutz nach dem UrhG (Gesetz über Urheberrecht und verwandte Schutzrechte) möglich.
- *Rechte an Marken und Zeichen:*
  Logos **E**, besonders gestaltete Schriftzüge **F** oder Grafiken **G** können sowohl nach dem UrhG als auch nach dem MarkenG geschützt sein.
- *Technische Elemente*:
  Technische Elemente, wie der Verschlussmechanismus **H** oder die Vertiefung im Deckel **I** zur Entsiegelung einer neuen Tube, wie auch die Zusammensetzung bzw. Herstellung des Inhalts **J** können durch das PatG (Patentgesetz) geschützt sein. Dieses Gesetz wird wegen der geringen Relevanz für die Mediengestaltung in diesem Buch jedoch nicht thematisiert.

1.8 Aufgaben

1 Begriff „Lichtbild" kennen

Erklären Sie, was unter einem „Lichtbild" verstanden wird.

2 Begriff „Medien" kennen

Erklären Sie, was unter „Medien" verstanden wird.

3 Begriff „Nutzung" kennen

Erklären Sie, was unter einer „Nutzung" verstanden wird.

4 Begriff „Veröffentlichung" kennen

Erklären Sie, was unter einer „Veröffentlichung" verstanden wird.

5 Begriff „Verwertung" kennen

Erklären Sie, was unter einer „Verwertung" verstanden wird.

6 Rechtsmittel „Abmahnung" kennen

Erklären Sie, was unter einer „Abmahnung" zu verstehen ist.

7 Rechtsmittel „Unterlassung" kennen

Erklären Sie, was unter einer „Unterlassung" zu verstehen ist.

8 Rechtsmittel „Gegendarstellung" kennen

Erklären Sie, was unter einer „Gegendarstellung" zu verstehen ist.

9 Rechtsmittel „Berufung" kennen

Erklären Sie, was unter einer „Berufung" zu verstehen ist.

10 Rechtsmittel „Revision" kennen

Erklären Sie, was unter einer „Revision" zu verstehen ist.

11 Gerichtsinstanzen kennen

Nennen Sie die drei Instanzen bei einem Verfahren vor der Ordentlichen Gerichtsbarkeit.

1. Instanz:

2. Instanz:

3. Instanz:

12 Rechte an Bildern kennen

Nennen Sie die Gesetze, die bei der Klärung der Rechte an einem Bild relevant sein können.

13 Rechte an Produkten kennen

Nennen Sie die Gesetze, die bei der Klärung der Rechte an einem Produkt relevant sein können.

2.1 Urheberrechtsschutz

2.1.1 Schützbarkeit

„Automatischer" Schutz
Sobald jemand ein Foto oder z. B. ein musikalisches oder schriftliches Werk erstellt, ist dies „automatisch" urheberrechtlich geschützt. Es bedarf hierzu keiner Eintragung in ein Register und es ist auch nicht mit Kosten verbunden. Es geht sogar noch weiter, urheberrechtlicher Schutz kann in Deutschland gar nicht erkauft werden.

Copyright-Vermerk
Kennzeichnet z. B. ein Schriftsteller seinen Text mit einem „©", dann hat dies in Deutschland keine rechtliche Auswirkung. Entweder ist der Text ein „Werk" und damit so oder so urheberrechtlich geschützt, oder der Text ist es mit oder ohne das „©" nicht, da es dem Text z. B. an „Gestaltungshöhe" fehlt.

Bei urheberrechtlich geschützten Texten und Notenblättern findet man den Copyright-Vermerk in Deutschland dennoch recht häufig, da hier der Ersteller explizit daran erinnern will, dass Vervielfältigungen nicht zulässig sind.

Revidierte Berner Übereinkunft
Durch die revidierte Berner Übereinkunft (RBÜ) verpflichten sich die Vertragsstaaten, Urhebern anderer Nationen den gleichen Schutz von Werken zu gewährleisten wie den eigenen Bürgern. Inzwischen sind fast alle Länder der Welt der RBÜ beigetreten.

Der Urheberrechtsschutz nach dem RBÜ darf nicht von Förmlichkeiten abhängig gemacht werden, es darf z. B. keine Registrierung und auch kein Copyright-Vermerk vorausgesetzt werden.

Bestimmte Mindeststandards urheberrechtlichen Schutzes sind in der RBÜ festgelegt. Hiernach hat ein Urheber folgende Mindestrechte: Urheberpersönlichkeitsrecht, Übersetzungsrecht, Vervielfältigungsrecht, Aufführungs-, Sende- und Vortragsrecht und ein Bearbeitungsrecht.

Der Schutz eines Werkes besteht nach diesem Abkommen während der Lebzeit des Urhebers und 50 Jahre nach seinem Tod (Mindestschutzfrist).

2.1.2 Zielsetzung

§ 11 UrhG (Urhebergesetz):
„Das Urheberrecht schützt den Urheber in seinen geistigen und persönlichen Beziehungen zum Werk und in der Nutzung des Werkes. Es dient zugleich der Sicherung einer angemessenen Vergütung für die Nutzung des Werkes."

Das Urheberrecht soll es also einem Urheber ermöglichen, mit dem, was er geschaffen hat, Geld zu verdienen. Näher geregelt wird dieses „Geldverdienen" in den Paragraphen, die sich mit dem Verwertungsrecht und dem Nutzungsrecht befassen.

2.1.3 Urheber

Als Urheber wird im § 7 UrhG der „Schöpfer" eines Werkes festgelegt. Urheber kann eine einzelne Person sein, es kann aber auch mehrere Urheber geben (z. B. bei einem Film), wobei diese dann anteilig Urheberrechte besitzen.

Dadurch, dass der Urheber als „Schöpfer" definiert ist, erklärt sich auch, warum das Urheberrecht nicht übertragbar ist, d. h. auch nicht verkauft werden kann. Das Urheberrecht kann lediglich durch den Tod des Urhebers an eine andere Person vererbt werden.

Zulässig ist hingegen die Einräumung von Nutzungsrechten (§ 31 UrhG) und Vereinbarungen zu Verwer-

P. Bühler et al., *Medienrecht*, Bibliothek der Mediengestaltung,
https://doi.org/10.1007/978-3-662-66667-8_2

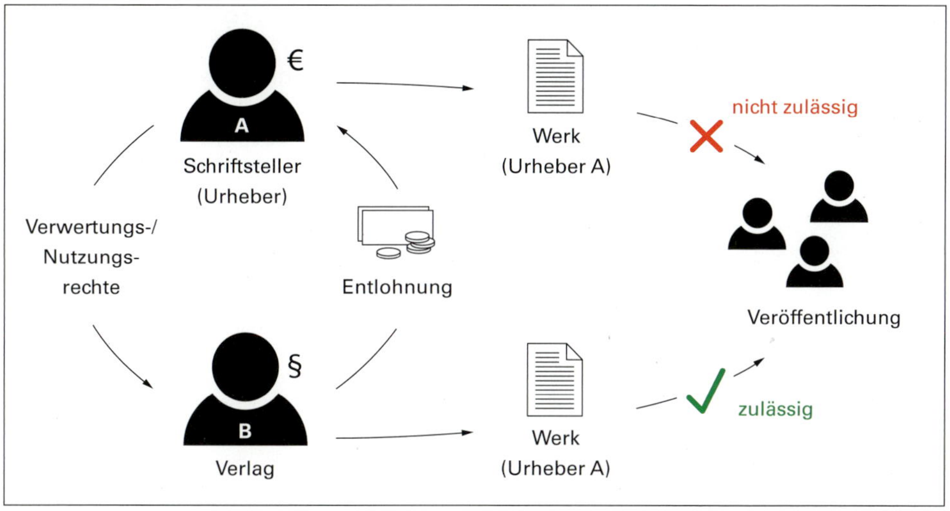

Urheberrecht

Beispiel: Ein Schriftsteller verkauft alle Verwertungs- und Nutzungsrechte an einen Verlag. Der Schriftsteller bleibt nun zwar weiterhin Urheber, hat aber nicht mehr das Recht, das Werk selbst zu veröffentlichen.

tungsrechten (§§ 15 ff. UrhG). Ohne Nutzungs- und Verwertungsrechte darf selbst der Urheber sein Werk nicht veröffentlichen (siehe Schaubild oben).

2.1.4 Werkbegriff

Als urheberrechtlich geschützte „Werke" zählen laut §2 UrhG nur „persönliche geistige Schöpfungen". Zur Erklärung, wann dies der Fall ist, muss die Bedeutung der einzelnen Wörter näher erläutert werden:

Persönliche Schöpfung
Dies bedeutet, dass es etwas sein muss, das von einem Menschen geschaffen wurde. Bei einem gefundenen, besonders geformten Stein ist dies z. B. nicht der Fall, bei einer von einem Steinmetz gestalteten Statue hingegen schon.

Geistige Schöpfung
Eine geistige Schöpfung liegt vor, wenn etwas das Produkt geistiger – und nicht reiner körperlicher – Arbeit ist. Ein Beispiel: Ein Künstler malt bewusst und gezielt einen Farbfleck auf eine Leinwand, es ist also ein geistiger Prozess damit verbunden. Im Gegensatz dazu könnte der Künstler aus Versehen einen Eimer Farbe umkippen, wodurch eine Leinwand mit Farbe bedeckt wird, ein unbewusster Prozess, ohne geistige Arbeit.

Schöpfung
Damit etwas als „Schöpfung" zählt, muss es eine gewisse Einzigartigkeit bzw. Unverwechselbarkeit besitzen. Man spricht hier auch von „Schöpfungshöhe" oder auch „Gestaltungshöhe".

Nicht eindeutig zu klären ist die Festlegung, ab wann eine ausreichende Schöpfungshöhe für den Urheberrechtsschutz erreicht ist, dies hängt sowohl von der Werkart wie auch vom Einzelfall ab.

Damit etwas als „Werk" eingestuft wird, muss es außerdem für andere Menschen mit ihren Sinnen wahrnehmbar sein, eine Idee an sich ist also noch nicht geschützt.

Im Gegensatz zu Patenten ist es jedoch nicht notwendig, dass es sich um etwas Neues handelt.

2.2 Geschützte Werke

Unterschied Lichtbild/ Lichtbildwerk

Das obere Foto ist ein „Knippsbild", bei dem der Fotograf ohne große Überlegungen den Auslöser betätigt hat, daher zählt dieses Foto als „Lichtbild".

Beim unteren Foto hingegen hat der Fotograf bewusst durch

- Bildausschnitt,
- Lichteinfall,
- gezielte Positionierung von Vorder- und Hintergrund
- sowie einer offenen Blende für eine geringe Schärfentiefe

dem Bild eine gewisse Einzigartigkeit verliehen. Dadurch ist das Foto als „Lichtbildwerk" einzustufen.

2.2.1 Fotografie

Jedes Foto – egal, wie kreativ oder unkreativ es erstellt wird – genießt einen Urheberrechtsschutz, d. h., der Ersteller des Fotos muss vor einer Veröffentlichung sein Einverständnis geben. Im UrhG geht es hierbei stets um „Lichtbilder", gemeint ist damit, dass es sich um Abbildungen handelt, für die auftreffendes Licht verantwortlich ist, wie beim Analog- oder Digitalfoto.

Unterschied Lichtbild/Lichtbildwerk

Beim urheberrechtlichen Schutz von Fotos wird im UrhG zwischen „Lichtbildern" (§ 72) und „Lichtbildwerken" (§ 2) unterschieden. Bei „Lichtbildern" wird der Ersteller als „Lichtbildner" bezeichnet, bei „Lichtbildwerken" gilt er als „Urheber". Der wichtige Unterschied liegt in der Dauer des Schutzes, hier genießt das Lichtbildwerk einen längeren Schutz.

Doch wann ist ein Foto ein Lichtbild und wann ein Lichbildwerk? An dieser Stelle ist §2 UrhG relevant, als Lichtbildwerke zählen nur „persönliche geistige Schöpfungen", alle anderen Fotos sind nur Lichtbilder. Damit es sich um ein Lichtbildwerk handelt, muss der Fotograf das Foto also selbst erstellt (oder den Selbstauslöser betätigt) haben, er muss sich Gedanken zum Foto gemacht haben und das Foto muss eine individuelle Ausprägung besitzen. Wenn jeder andere das Foto problemlos auf die gleiche Weise erstellen könnte, dann reicht die individuelle Ausprägung nicht aus und es handelt sich nur um ein Lichtbild. Hier einige Beispiele, die in den meisten Fällen als Lichtbilder einzustufen sind, wobei jedoch immer eine Betrachtung des Einzelfalls notwendig ist:

- Urlaubsfotos
- Partyfotos
- Selfies
- Passfotos vom Automaten
- Produktfotos, z. B. in einer Bedienungsanleitung
- Luftbilder (wenn ein Mensch die Erstellung veranlasst hat)

Als Lichtbildwerke zählen meist folgende Fotografien:

- Architekturfotos
- Kunstfotos
- Pressefotos
- Reportagefotos
- Portrait-/Personenfotos durch einen Fotografen

Schutzdauer

Der urheberrechtliche Schutz von Lichtbildern erlischt 50 Jahre nach der Veröffentlichung des Lichtbildes oder, wenn es innerhalb des Kalenderjahres, in dem es erstellt wurde, keine Veröffentlichung gab, 50 Jahre nach der Herstellung.

Das Urheberrecht an Lichtbildwerken erlischt 70 Jahre nach dem Tod des Urhebers (zzgl. des Restes des laufenden Jahres). Die „Gemeinfreiheit" – also die Möglichkeit, das Foto ohne Genehmigung des Urhebers zu veröffentlichen – beginnt am 1. Januar, nach dem 70. Todestag des Urhebers.

Beispielfall „Lichtbildwerk"
Bei einem Foto wurden bewusst die Gestaltungsmittel Bildausschnitt, Perspektive und Unschärfe eingesetzt. Das LG München hatte zu klären, ob es sich um ein „Lichtbild" oder ein „Lichtbildwerk" handelt. Das Gericht hat am 18.09.2008 (Az. 7 O 8506/07) entschieden, dass die „erforderliche individuelle Betrachtungsweise" in diesem Fall für ein Lichtbildwerk ausreichend gegeben ist.

2.2.2 Sprache

Urheberrechtlich geschützt ist Sprache immer dann, wenn sie von einem Menschen erdacht wurde und eine gewisse Individualität gegeben ist, es sich also z. B. nicht nur um eine Tatsachenbeschreibung handelt.

Mündliche und schriftliche Sprache
Bei urheberrechtlich geschützter Sprache kann es sich einerseits um „dargebotene" Sprache handeln, also z. B. Reden, Vorträge, Ansprachen, andererseits aber auch um „niedergeschriebene" Sprache, also z. B. Fachbücher, Romane, Erzählungen, Gedichte, Liedtexte, Zeitungs- und Zeitschriftenartikel.

Werbeaussage
Eine Werbeaussage kann urheberrechtlich geschützt sein, wenn sie individuell ist. Meist sind Werbeaussagen jedoch zu kurz, um eine ausreichende „Schöpfungshöhe" zu erfüllen.

Programmiercode
Meist wird es einem Programmiercode z. B. in HTML, CSS oder PHP an Individualität fehlen, daher scheidet der urheberrechtliche Schutz hier aus. Außerdem ist der Umfang des möglichen Codes sehr begrenzt, wodurch der Code lediglich eine sachliche Problemlösung darstellt.

Schutzdauer
Das Urheberrecht an sprachlichen Werken erlischt 70 Jahre nach dem Tod des Urhebers (zzgl. des Restes des laufenden Jahres).

Beispielfall „Textzeile"
Im vorliegenden Fall war zu klären, ob die Textzeile „Wenn das Haus nasse Füße hat" urheberrechtlichen Schutz genießt. Diesen Untertitel hatte ein Autor in einem Buch über Mauerwerkstrockenlegung verwendet. Das OLG Köln hat am 08.04.2016 (Az. 6 U 120/15) entschieden, dass es der Textzeile an der notwendigen Schöpfungshöhe fehlt.

2.2.3 Musik

Musikalische Werke können akustisch vermittelt werden, aber auch als aufgeschriebene Noten. An die schöpferische Qualität wird bei Musik ein geringerer Maßstab angelegt als bei den Sprachwerken. Zu den Musikwerken zählen Töne und Geräusche, die z. B. mit der menschliche Stimme, Musikinstrumenten, elektronischen oder mechanischen Geräten oder anderen Schallquellen erzeugt werden.

Schutzdauer
Das Urheberrecht an musikalischen Werken erlischt 70 Jahre nach dem Tod des Urhebers (zzgl. des Restes des laufenden Jahres).

Beispielfall „Tonfolgen"
Das LG Hamburg hat am 23.03.2010 (Az. 308 O 175/08) entschieden, dass auch kleinen Teilen von Musikwerken ein Urheberrechtsschutz nach § 2 UrhG zukommt, wenn es sich dabei um individuelle Tonfolgen mit Wiedererkennungseffekt handelt.

2.2.4 Film

Ein Film ist eine bewegte Bild- oder Bild-Tonfolge, dies beinhaltet auch Animationen.

Unterschied Laufbilder/Filmwerk
Beim urheberrechtlichen Schutz von Filmen wird im UrhG zwischen „Laufbildern" (§ 95) und „Filmwerken" (§ 2) unterschieden. Der wichtige Unterschied liegt in der Dauer des Schutzes, hier genießt das Filmwerk einen längeren Schutz.

Je mehr sich ein Film auf die Wiedergabe eines Ereignisses beschränkt, desto geringer ist die „Schöpfungshöhe". So sind z. B. Sendungen über das politische Tagesgeschehen lediglich Ausschnitte des realen Lebens, sie stellen keine Filmwerke dar und sind daher als Laufbilder einzustufen. Beispiele für Filmwerke sind Werbefilme, Spielfilme oder Animationsfilme.

Schutzdauer
Der urheberrechtliche Schutz von Laufbildern (§ 94 UrhG) erlischt 50 Jahre nach der Veröffentlichung der Laufbilder oder, wenn es innerhalb des Kalenderjahres, in dem sie erstellt wurden, keine Veröffentlichung gab, 50 Jahre nach der Herstellung.

Das Urheberrecht an Filmwerken erlischt 70 Jahre nach dem Tod des Längstlebenden der folgenden Personen: Hauptregisseur, Urheber des Drehbuchs, Urheber der Dialoge, Komponist der für das betreffende Filmwerk komponierten Musik (zzgl. des Restes des laufenden Jahres).

Beispielfall „Einzelbilder"
Die Nutzung von Einzelbildern aus einem Film ist in der Regel nicht als filmische Verwertung anzusehen, so entschied der BGH am 19.11.2009 (Az. I ZR 128/07). Jedoch hat der BGH klargestellt, dass es sich trotzdem um eine Urheberrechtsverletzung handle, nur eben an „Lichtbildern" und nicht am Filmwerk.

2.2.5 Kunst und Architektur

„Werke der bildenden Künste einschließlich der Werke der Baukunst und der angewandten Kunst und Entwürfe solcher Werke" (§ 2 UrhG) zeichnen sich dadurch aus, dass ein Künstler eine bewusste Formgebung und ggf. auch Farbgestaltung verwirklicht hat.

Bildende Künste
Hierzu gehören Werke der Bildhauerei, Malerei und Grafik. Dies sind Plastiken, Gemälde, Zeichnungen, Bühnenbilder usw. Beim Urheberrechtsschutz kommt es darauf an, dass die persönliche geistig-schöpferische Leistung des Künstlers erkennbar ist.

Baukunst
Als Baukunst werden Gebäude, Brücken, Denkmäler, Türme usw. bezeichnet. Die Schutzfähigkeit von Bauwerken im Rahmen des Urheberrechts hängt vor allem davon ab, wie stark ein Bauwerk durch seine Funktion bestimmt wird. Je mehr die Funktion und das Umfeld das Bauwerk bestimmen, umso unwahrscheinlicher ist der Schutz durch das Urheberrecht.

Angewandte Kunst
Auch Gebrauchsgegenstände können als Werke der angewandten Kunst Urheberrechtsschutz genießen (§ 2 UrhG), wenn bei ihnen von „Kunst" gesprochen werden kann, hierfür ist eine besondere Gestaltungshöhe notwendig.

Möglich ist ein Urheberrechtsschutz für künstlerische Industrieprodukte wie Möbel, Besteck, Lampen, Textilien oder Modeerzeugnisse mit eigenständiger Formgebung. Aber auch Gebrauchs- und Werbegrafiken bzw. die äußerliche Gestaltung einer Verpackung können unter den Urheberrechtsschutz fallen.

Bei der Entscheidung, ob es sich bei einem Produkt um ein Werk der angewandten Kunst oder um einen nicht künstlerischen Gebrauchsgegenstand handelt, kommt es auf die Frage an: „Weist die Gestaltung des Produkts Elemente auf, die eine hohe Gestaltungsqualität besitzen?" Kann dies bejaht werden, dann kann von einem urheberrechtlich geschützten Werk ausgegangen werden.

Entwürfe
Schutzfähig sind ggf. auch Entwurfszeichnungen, Skizzen und Modelle von Werken aus den Bereichen „Bildende Künste", „Baukunst" und „angewandte Kunst", soweit eine ausreichende Gestaltungshöhe vorhanden ist.

Schutzdauer
Das Urheberrecht an Werken der Kunst und Architektur erlischt 70 Jahre nach dem Tod des Urhebers (zzgl. des Restes des laufenden Jahres).

Beispielfall „Biergebinde 5,0 Original"
Im vorliegenden Fall ging es um die Gestaltung der Biermarke „5,0 Original". Das Gericht hatte zu klären, ob das Biergebinde als Werk der angewandten

Angewandte Kunst
Diese Gestaltung einer Bierverpackung zählt als „angewandte Kunst" und fällt damit unter den Urheberrechtsschutz.

Kunst urheberrechtlich geschützt ist. Das LG Hamburg hat im Urteil vom 07.07.2016 (Az. 310 O 212/14) entschieden, dass die erforderliche Schöpfungshöhe vorhanden ist. Durch die zweifarbige Gestaltung, den schnörkellosen Schrifttyp, die horizontale Ausrichtung der Beschriftung wird ein schlichter Eindruck erreicht, welcher sich im Gesamtbild von vorbekannten Gestaltungen abhebt, so das Gericht in seiner Begründung.

2.2.6 Logos, Icons und Piktogramme

Logos, Icons und Piktogramme können als Werke der „angewandten Kunst" eingestuft werden, falls die notwendige Gestaltungshöhe vorliegt. Meist ist dies bei Icons und Piktogrammen zu verneinen, da die Darstellung i. d. R. stark vereinfacht die Wirklichkeit widerspiegelt. Bei Logos ist die Gestaltungshöhe oft eher ausreichend, da sie meist einen höheren Abstraktionsgrad und damit eine größere Eigentümlichkeit besitzen.

Falls die Gestaltungshöhe ausreicht, beträgt die Schutzdauer 70 Jahre nach dem Tod des Urhebers (zzgl. des Restes des laufenden Jahres).

Beispielfall „Handylogos"
Im vorliegenden Fall hatte das Gericht zu entscheiden, ob die für Handys gestalteten Piktogramme „kopulierende Häschen", „Eisbär und Panda" und „angeleyes" eine das Alltägliche überragende Eigentümlichkeit besitzen und dadurch als „Werke der bildenden Kunst" Schutz durch das UrhG genießen.

Wegen nicht ausreichender Gestaltungshöhe wurde den Piktogrammen jedoch vom OLG Hamburg im Urteil vom 25.02.2004 (Az. 5 U 137/03) der Schutz durch das UrhG verwehrt.

2.2.7 Stadtpläne und Landkarten

Stadtpläne und Landkarten können gemäß § 2 UrhG einen Urheberrechtsschutz genießen, wenn es sich um persönliche geistige Schöpfungen handelt. Dies kann durch Konzeption einer individuellen Darstellungsweise gegeben sein, die schöpferische Züge aufweist (z. B. durch Farbgebung, Beschriftung oder Symbolgebung).

Falls die Gestaltungshöhe ausreicht, beträgt die Schutzdauer 70 Jahre nach dem Tod des Urhebers (zzgl. des Restes des laufenden Jahres).

2.2.8 Websites und Layouts

Ob das visuelle Erscheinungsbild eines gedruckten oder digitalen Layouts urheberrechtlich geschützt ist, hängt von der Gestaltungshöhe ab. Da als Basis beim digitalen Layout meist Templates bzw. beim Printlayout ein Gestaltungsraster verwendet werden und die Gestaltung sich stark am Zweck orientiert, ist ein urheberrechtlicher Schutz meist zu verneinen.

Falls die Gestaltungshöhe ausreicht, beträgt die Schutzdauer 70 Jahre nach dem Tod des Urhebers (zzgl. des Restes des laufenden Jahres).

Beispielfall „Eingabemaske"
Stellt die Gestaltung eines Formulars zur Erfassung einer Reisebuchung eine schöpferische Leistung dar, die einen Schutz durch das UrhG rechtfertigt?

Eine schöpferische Leistung kann zwar vorliegen, wenn die grafische Gestaltung der Maske im Vordergrund steht, etwa durch eine besondere Anordnung der Felder, dies war jedoch im vorliegenden Fall nicht gegeben. Daher hat das OLG Karlsruhe im Urteil vom 14.04.2010 (Az. 6 U 46/09) entschieden, dass die Eingabemaske eines Computerprogramms hier nicht unter urheberrechtlichen Gesichtspunkten geschützt ist.

2.2.9 Darstellungen

Auch Darstellungen wissenschaftlicher oder technischer Art wie Zeichnungen, Pläne, Karten, Skizzen, Tabellen und Informationsgrafiken fallen unter den Urheberrechtsschutz, wenn sie eine hohe Gestaltungsqualität besitzen.

Die Schutzdauer beträgt 70 Jahre nach dem Tod des Urhebers (zzgl. des Restes des laufenden Jahres).

Beispielfall „Messestand"
Strittig war in diesem Fall, ob einfache, funktionale 3D-Entwurfszeichnungen eines Messestandes, ohne besondere künstlerische Individualität, Schutz durch das UrhG genießen.

Dies verneinte das OLG Köln im Urteil vom 20.03.2009 (Az. 6 U 183/08), da die vorliegenden Computergrafiken nicht über die notwendige Gestaltungshöhe verfügten.

2.2.10 Bearbeitungen und Übersetzungen

Nach § 3 UrhG sind Bearbeitungen und Übersetzungen eines Werkes wie selbstständige Werke geschützt. Voraussetzung ist, dass die Bearbeitung bzw. Übersetzung selbst eine persönliche geistige Schöpfung ist, das bearbeitete Werk also eine deutliche Eigenständigkeit im Vergleich zum Ursprungswerk besitzt. Das Urheberrecht am ursprünglichen Werk bleibt in jedem Fall bestehen und muss beachtet werden, egal wie stark das Ursprungswerk verfremdet bzw. verändert wurde.

Die Schutzdauer beträgt 70 Jahre nach dem Tod des Urhebers (zzgl. des Restes des laufenden Jahres).

2.2.11 Sammelwerke und Datenbankwerke

Laut § 4 UrhG sind „Sammlungen von Werken, Daten oder anderen unabhängigen Elementen, die aufgrund der Auswahl oder Anordnung der Elemente eine persönliche geistige Schöpfung sind" wie selbstständige Werke geschützt.

Datenbanken sind als Sammelwerk definiert, dessen Elemente systematisch oder methodisch angeordnet und einzeln mit Hilfe elektronischer Mittel oder auf andere Weise zugänglich sind.

Für Datenbanken gilt nach § 87d UrhG als Schutzdauer 15 Jahre nach Veröffentlichung bzw. 15 Jahre nach Erstellung, wenn die Datenbank nicht innerhalb der 15 Jahre nach Erstellung veröffentlicht worden ist, also maximal 30 Jahre.

Beispielfall „Seminarunterlagen"
Seminarunterlagen können laut Urteil vom OLG Frankfurt vom 04.11.2014 (Az. 11 U 106/13) als Sammelwerke vom Urheberrecht geschützt sein, „wenn sich in ihnen [...] ein geistiger Gehalt manifestiert, der über die bloße Summe der Inhalte der einzelnen Elemente hinausgeht".

2.2.12 Amtliche Werke

Nach § 5 UrhG sind Gesetze, Verordnungen, amtliche Erlasse und Bekanntmachungen sowie Entscheidungen und amtlich verfasste Leitsätze zu Entscheidungen frei von urheberrechtlichem Schutz.

2.2.13 Computerprogramme

Auch Computerprogramme fallen laut §§ 69a ff. unter den Urheberrechtsschutz. Sie sind immer dann geschützt, wenn sie individuell sind, also das Ergebnis einer geistigen Schöpfung, was sicherlich in den meisten Fällen gegeben ist.

Die Schutzdauer beträgt 70 Jahre nach dem Tod des Urhebers (zzgl. des Restes des laufenden Jahres).

2.2.14 Wissenschaftliche Ausgaben

Das Ergebnis wissenschaftlich sichtender Tätigkeit genießt urheberrechtlichen Schutz, wenn es sich wesentlich von den bisher bekannten Ausgaben der Werke oder Texte unterscheidet.

Die Schutzdauer beträgt hier nach § 70 UrhG 25 Jahre nach dem Erscheinen der Ausgabe oder 25 Jahre nach der Herstellung, wenn die Ausgabe innerhalb dieser Frist nicht erschienen ist.

2.3 Verwertungsrechte

Ein Urheber kann anderen natürlichen oder juristischen Personen ein Verwertungsrecht einräumen. Grundsätzlich wird zwischen körperlicher und unkörperlicher Verwertung unterschieden.

Verwertungsrechte thematisieren die verschiedenen Möglichkeiten der Verwertung und deren Zulässigkeit, bei den Nutzungsrechten geht es um Rechtsgeschäfte mit Bezug auf das Urheberrecht.

2.3.1 Körperliche Verwertung

Eine körperliche Form der Verwertung liegt vor, wenn das Werk „körperlich fixierbar" ist, also wenn es z. B. als Druckwerk erscheint oder als Datei kopiert wird.

Körperliche Verwertung

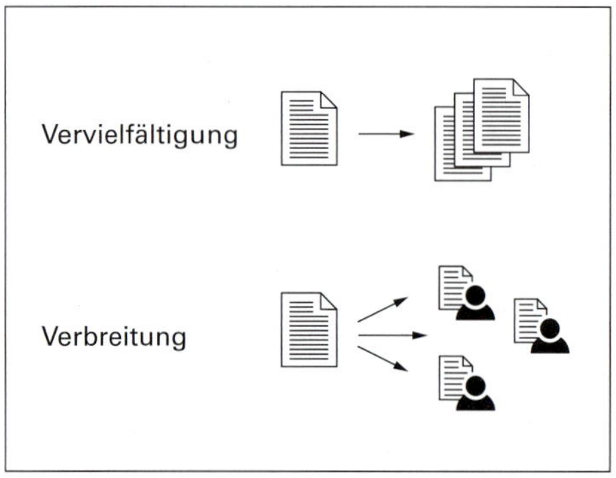

Vervielfältigung
Das Vervielfältigungsrecht erlaubt es, von einem Werk Vervielfältigungsstücke herzustellen. Dabei ist das Verfahren und die Auflage der erstellten Stücke unerheblich. Folgende Vorgänge zählen als Vervielfältigung:

- Kopieren eines Werkes auf Papier oder auf Datenträgern
- Digitalisierung eines Werkes mit Hilfe von einem Scanner oder einer Digitalkamera und die damit verbundene elektronische Speicherung
- Ausgabe eines Werkes über einen Drucker
- Digitalisierung von analogen Musik- oder Filmwerken

Verbreitung
Das Verbreitungsrecht (§ 17 UrhG) ist das Recht, das Original eines Werkes oder ein Vervielfältigungsstück für die Öffentlichkeit auf den Markt zu bringen.

Beim Verbreitungsrecht handelt es sich um ein körperliches Recht. Das Werk muss also, wie z. B. ein Buch, real anfassbar sein. Daher ist vor dem Verbreitungsrecht das Vervielfältigungsrecht notwendig, um das Werk z. B. drucken zu dürfen. Ein wichtiger Gesichtspunkt beim Verbreitungsrecht ist die regionale Gültigkeit. Hat ein Urheber einer Vervielfältigung und Verbreitung seines Werkes zugestimmt, ist dies nicht beschränkt auf den deutschsprachigen Raum. Die Zustimmung eines Urhebers zur Veröffentlichung und Verbreitung seines Werkes gilt für das ganze Gebiet der Europäischen Union und die Vertragsstaaten des Abkommens über den Europäischen Wirtschaftsraum.

2.3.2 Unkörperliche Verwertung

Eine unkörperliche Verwertung ist dann gegeben, wenn ein Werk z. B. auf eine Leinwand projiziert oder einem Publikum vorgelesen wird. Die unkörperliche Verwertung hinterlässt einen Eindruck, ist aber nicht „greifbar". Beispiele dafür sind Kinofilme, Fernseh- oder Rundfunksendungen.

Nach § 18 UrhG hat der Urheber ein Ausstellungsrecht, er darf also das Original oder Vervielfältigungsstücke eines unveröffentlichten Werkes der bildenden Künste oder eines unveröffentlichten Lichtbildwerkes öffentlich zur Schau stellen.

Search-inside
„Blick ins Buch" bei Amazon

Auch ein „Search-inside-Angebot" beim Internetbuchhandel ist eine unkörperliche Verwertung, auch sie bedarf der Erlaubnis des Urhebers bzw. des Verlags.

2.3.3 Daten im Internet

Immer, wenn ein urheberrechtlich geschütztes Werk vervielfältigt (kopiert, hoch- oder heruntergeladen) wird, muss der Berechtigte (Urheber oder der Inhaber der Verwertungsrechte) sein Einverständnis dazu geben. Was aber gilt, wenn ein Nutzer lediglich eine Website betrachtet und sich dabei vielleicht auch ein Video per Streaming anschaut? Soweit es sich um Daten handelt, für die der Anbieter das Einverständnis des Berechtigten hat, greift hier – so der EuGH im Urteil vom 05.06.2014 (Az. C-360/13) – der Paragraph 44a UrhG. Zulässig sind demnach „vorübergehende Vervielfältigungshandlungen, die flüchtig oder begleitend sind". Beim reinen Betrachten einer Website – ohne Download – speichert der Browser nur flüchtig Teile von Werken, daher ist – nach aktueller Rechtsprechung – hierfür kein Einverständnis des Berechtigten erforderlich. Begründet wird dies damit, dass die berechtigte Verwertung der Daten nicht ohne Zwischenspeicherung möglich ist.

Beispielfall „Framing"
In diesem Fall war zu klären, ob bereits die bloße Verknüpfung eines auf der Videoplattform YouTube bereitgehaltenen Videos mit der eigenen Internetseite im Wege des „Framing" (Einbettung, ohne Kopie der Datei) ein strafbares öffentliches Zugänglichmachen im Sinne des § 19a UrhG darstellt. Der BHG hat im Urteil vom 09.07.2015 (Az. I ZR 46/12) entschieden, dass keine strafbare Handlung vorliegt, soweit das Ausgangsmaterial rechtmäßig bei YouTube hochgeladen wurde, weil weiterhin YouTube die Kontrolle darüber hat, ob das Werk der Öffentlichkeit zugänglich ist.

2.3.4 Freie Nutzung

Erstellt jemand, in zulässiger Benutzung des Werkes eines anderen, ein selbstständiges Werk, dann darf dieses nach § 24 UrhG ohne Zustimmung des Urhebers des benutzten Werkes veröffentlicht und verwertet werden. Ausnahme ist die Benutzung eines Werkes der Musik, bei der eine Melodie erkennbar bleibt. Doch auch bei nicht musikalischen Werken fällt es schwer, eine Grenze zu ziehen, wann eine freie Benutzung zulässig ist. Das fremde Werk darf lediglich als Anregung für das eigene Werkschaffen dienen, das neue Werk muss einen ausreichend großen Abstand zum ursprünglichen Werk aufweisen. Eine freie Benutzung liegt nach dem BGH nur dort vor, wo angesichts der Individualität des neuen Werkes die Züge des benutzten Werkes verblassen (Urteil vom 26.03.1971, Az. I ZR 77/69).

Beispielfall „Pippi Langstrumpf"
Verkleiden sich an Karneval Personen als „Pippi Langstrumpf" und schlüpfen damit in ihre Rolle, entspricht dies einer freien Benutzung gemäß § 24 UrhG, so der BGH im Urteil vom 17.07.2013 (Az. I ZR 52/12).

2.3.5 Mediennutzung für Bildungszwecke

Für die Nutzung von Medien zu Bildungszwecken gelten Sonderregelungen, die Lehrpersonen eine anschauliche Lehre ermöglichen sollen. § 52a UrhG erlaubt es, kleine Teile eines Werkes, Werke geringen Umfangs sowie einzelne Beiträge aus Zeitungen oder Zeitschriften zur Veranschaulichung in der erforderlichen Anzahl zu vervielfältigen.

Ausgenommen ist jedoch die Vervielfältigung eines Werkes, das für den Unterrichtsgebrauch an Schulen bestimmt ist.

Die Erlaubnis gilt für Schulen, Hochschulen, nichtgewerbliche Einrichtungen der Aus- und Weiterbildung sowie für Einrichtungen der Berufsbildung.

2.3.6 Privatkopie

§ 53 UrhG erlaubt Vervielfältigungen zum „privaten und sonstigen eigenen Gebrauch", ohne Einverständnis des Urhebers oder des Inhabers der Verwertungsrechte.

Grundlage einer Privatkopie muss ein selbst erworbenes Werk sein, sie darf nicht offensichtlich rechtswidrig hergestellt bzw. rechtswidrig öffentlich zugänglich gemacht worden sein.

Die Kopie kann selbst oder auch durch eine weitere Person auf beliebigen Medien erfolgen. Privatkopien dürfen nicht zu Erwerbszwecken genutzt werden, sie dürfen weder verbreitet noch zur öffentlichen Wiedergabe benutzt werden.

Mitschnitte von im Funk gesendeten Werken sind zulässig. Wenn es sich bei der Vervielfältigung um Musiknoten, Bücher oder Zeitschriften handelt und es eine im Wesentlichen vollständige Vervielfältigung ist, dann ist dies nicht zulässig, es sei denn die Vervielfältigung wird durch Abschreiben vorgenommen.

Nur mit Einwilligung des Berechtigten zulässig ist die Aufnahme von öffentlichen Vorträgen und Vorführungen von Bild- oder Tonträgern wie auch die Präsentation von Plänen und Entwürfen zu Werken der bildenden Künste und der Nachbau eines Werkes der Baukunst.

2.3.7 Schutz vor Verwertung

Um zulässige und unzulässige Vervielfältigungen zu verhindern, nutzen Urheber bzw. Inhaber der Verwertungsrechte verschiedene technische Maßnahmen.

§ 95a UrhG regelt den Umgang mit diesen „wirksamen" technischen Schutzmaßnahmen. Diese dürfen ohne Zustimmung des Rechtsinhabers nicht umgangen werden. Zu den „wirksamen" technischen Maßnahmen zählen eine Zugangskontrolle, Verschlüsselung, Verzerrung oder sonstige Umwandlung. Muss man also, um eine CD kopieren zu können, eine Software verwenden, die einen Schutz umgeht, ist dies nicht zulässig. Für Software gilt das Umgehungsverbot von § 95a UrhG nicht. Nach § 69a UrhG darf auch von einer kopiergeschützten Software eine Sicherungskopie erstellt werden.

Beispielfall „Streaming"
Eine Software, die es ermöglicht, einen Videostream dauerhaft zu speichern, obwohl dieser mittels Sicherheitsmaßnahmen vor einem Download geschützt ist, umgeht wirksame Schutzmaßnahmen und verstößt damit gegen § 95a UrhG, so das LG München I, im Urteil vom 26.07.2012 (Az. 7 O 10502/12).

2.4 Nutzungsrechte

Verwertungsrechte thematisieren die verschiedenen Möglichkeiten der Verwertung und deren Zulässigkeit, bei den Nutzungsrechten geht es um Rechtsgeschäfte mit Werken.

Wirtschaftlich von besonderer Bedeutung ist für den Berechtigten (Urheber bzw. Inhaber der Verwertungsrechte) der Verkauf von Nutzungsrechten.

Ein Berechtigter kann einem anderen das Recht geben, das Werk auf einzelne oder alle Nutzungsarten zu nutzen (Nutzungsrecht). Das Nutzungsrecht kann laut § 31 UrhG als einfaches oder ausschließliches Recht vergeben werden, es kann räumlich, zeitlich oder inhaltlich beschränkt werden.

2.4.1 Einfaches Nutzungsrecht

Das einfache Nutzungsrecht erlaubt dem Inhaber dieses Rechtes, das Werk auf die vertraglich vereinbarte Art zu nutzen, ohne dass die Nutzung durch andere ausgeschlossen ist.

Einfaches Nutzungsrecht

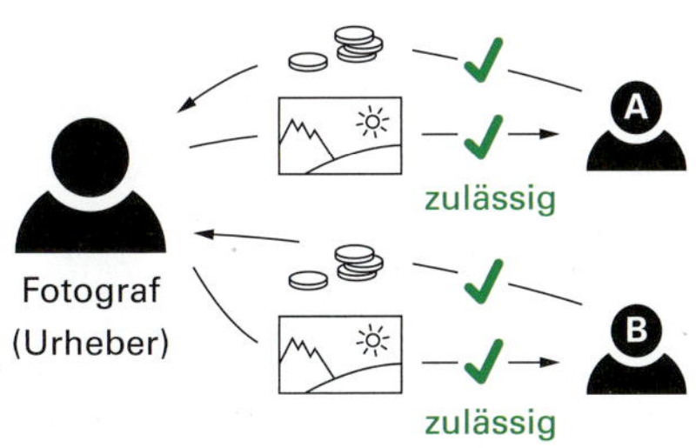

2.4.2 Ausschließliches Nutzungsrecht

Das ausschließliche Nutzungsrecht erlaubt dem Inhaber dieses Rechtes, das Werk unter Ausschluss aller anderen Personen auf die vertraglich vereinbarte Art zu nutzen. Außerdem darf der Inhaber dieses Rechtes auch anderen die Erlaubnis geben, das Werk zu nutzen. Ob der Urheber sein Werk auch weiterhin selbst nutzen darf, kann vertraglich vereinbart werden.

Ausschließliches Nutzungsrecht

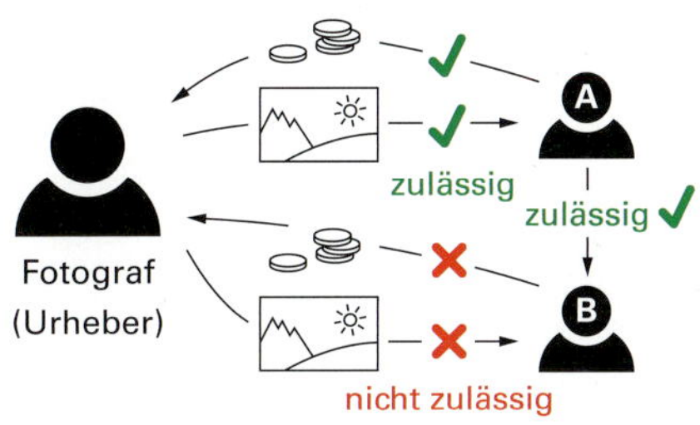

Welches Nutzungsrecht gilt?
Ist unklar, ob ein einfaches oder ein ausschließliches Nutzungsrecht erteilt wurde, dann bestimmt sich das Nutzungsrecht nach dem von den Vertragspartnern zugrunde gelegten Zweck, auf den sich die Nutzungsart erstreckt.

Beschränkungen
Nutzungsrechte können inhaltlich beschränkt werden, das Nutzungsrecht kann also auf eine bestimmte Verwertungsart oder auch eine bestimmte Verwendung beschränkt werden. Ein Komponist gibt z. B. einem Musiklabel die Vervielfältigungs- und Verbreitungsrechte, aber einer Verwertungsgesellschaft die Aufführungsrechte.

Auch eine zeitliche Beschränkung von Nutzungsrechten ist möglich, ein Theaterregisseur kann z. B. die Nutzung seines Werkes nur für einen bestimmten Zeitraum erlauben.

Das Nutzungsrecht kann auch räumlich beschränkt werden auf bestimmte Länder, Sprachräume oder Orte.

2.5 Verwertungsgesellschaften

Verwertungsgesellschaften

Beispiel: Ein Komponist schließt einen Wahrnehmungsvertrag mit einer Verwertungsgesellschaft ab. Diese zieht Gebühren für die unterschiedlichste Nutzung seines Werkes ein und zahlt dem Autor hieraus eine Vergütung.

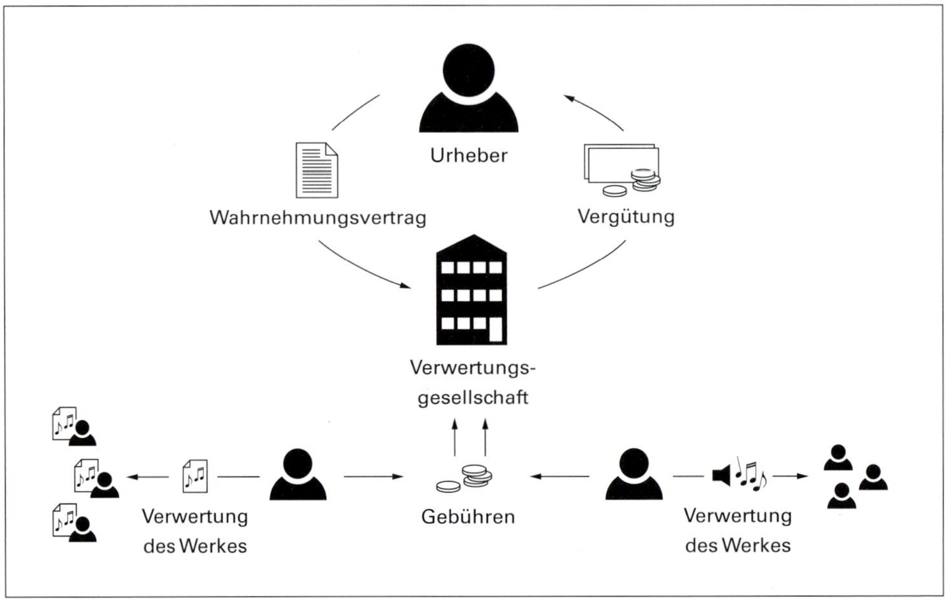

Die Verwertung von Urheberrechten findet im Alltag oft sehr vielschichtig statt. Nehmen wir als Beispiel den Komponisten eines Musikstückes.

Das Musikstück wird einerseits im Handel auf CD verkauft (hier werden explizit z. B. einem Musiklabel Nutzungsrechte eingeräumt), andererseits wird es aber auch im Radio gesendet, als Hintergrundmusik im Supermarkt abgespielt oder vielleicht als Musiknoten in der Musikschule verwendet. Damit der Urheber bzw. der Inhaber der Verwertungsrechte auch in diesen Fällen eine Vergütung erhält, beauftragt er meist eine Verwertungsgesellschaft mit der Durchsetzung seiner Rechte. Er schließt hierfür einen sogenannten Wahrnehmungsvertrag ab.

Die Verwertungsgesellschaften ziehen dann Gebühren für eine rechtmäßige Nutzung von den zahlungspflichtigen Nutzern ein und leiten die Erträge anteilig an die jeweiligen Inhaber der Urheberrechte weiter.

2.5.1 Aufgaben der Verwertungsgesellschaften

Hauptaufgabe von Verwertungsgesellschaften ist es, optimale Erträge für Autoren und Verlage von den privaten oder gewerblichen Nutzern von Texten, Musiktiteln oder Filmwerken einzuziehen. Diese Erträge sollen mit einem möglichst kleinen Verwaltungsaufwand an die Wahrnehmungsberechtigten weitergeleitet werden.

Des Weiteren gehört zu den Aufgaben einer Verwertungsgesellschaft, neue urheberrechtliche Verwertungsmöglichkeiten, die sich infolge gesellschaftlicher oder technischer Entwicklungen ergeben, zu erfassen und für die Urheber entsprechend zu nutzen. Eine wichtige Aufgabe besteht auch darin, dem Gesetzgeber Hinweise und Anstöße für entsprechende Gesetze im Sinne der Urheber zu geben bzw. an der Realisierung von Gesetzgebungsverfahren mitzuwirken.

2.5.2 Gesetzliche Vergütungsansprüche

Laut UrhG steht einem Urheber eine angemessene Vergütung für die Nutzung eines von ihm geschaffenen Werkes zu. Die gesetzlichen Vergütungsansprüche sichern einem Urheber oder seinem Verleger eine entsprechende Vergütung auch in den Fällen zu, in denen ein Rechteinhaber z. B. aus technischen oder logistischen Gründen nicht in der Lage ist, die Nutzung seiner Werke in Medien oder Aufführungen festzustellen und einem Nutzer in Rechnung zu stellen.

Die Verwertungsgesellschaften sind beauftragt, auch dort, wo urheberrechtliches Material unbefugt verwendet wird und ein Urheber damit keine Vergütung für die Verwendung seines geistigen Eigentums erhalten würde, die Gelder einzunehmen und weiterzuleiten. Verwertungsgesellschaften kassieren daher z. B. Pauschalen von Herstellern oder Importeuren von Vervielfältigungsgeräten wie z. B. Fotokopierern, DVD-Brennern sowie von Bild-, Ton- und Datenträgern. Zudem wird eine Gebühr für das Vermieten und Verleihen von Medien z. B. durch Bibliotheken erhoben. Die Einnahmequellen der Verwertungsgesellschaften sind vielschichtig. Die Verteilung der eingegangenen Vergütungen erfolgt nach einem Verteilungsplan, der von der Mitgliederversammlung beschlossen wird. Zur Deckung der Verwaltungskosten behalten die Gesellschaften Anteile von den eingenommenen Vergütungen.

2.5.3 GEMA

Die bekannteste Verwertungsgesellschaft für die Vertretung der Interessen von Urhebern ist sicherlich die Gesellschaft für musikalische Aufführungs- und mechanische Vervielfältigungsrechte (GEMA), sie vertritt etwa 70.000 Musikurheber und Verleger. Es gibt aber noch viele weitere Verwertungsgesellschaften, wie z. B. die VG Wort oder die VG Bild-Kunst.

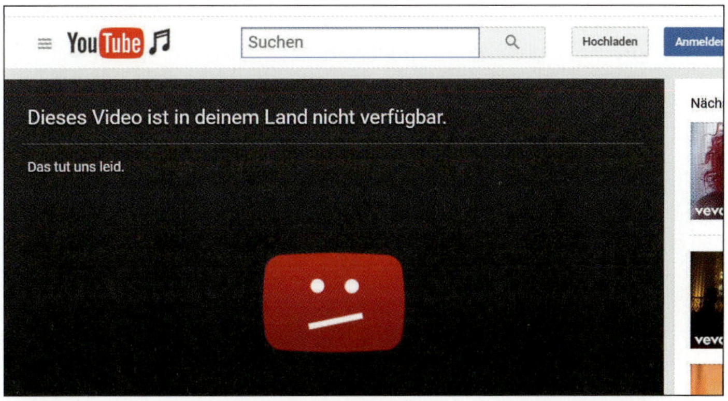

YouTube

Seit 01.11.2016 existiert ein Lizenzvertrag zwischen der GEMA und YouTube, der eine Vergütung für die Nutzung von urheberrechtlich geschützten Musikwerken regelt.

Hier einige Beispielfälle, in denen Nutzer von musikalischen Werken zur Klärung der Verwertungsrechte mit der GEMA Kontakt aufnehmen sollten:

- Nutzung von Musikbeiträgen auf einer WWW-Seite
- Abspielen von Hintergrundmusik in Geschäften, Friseursalons, Fitnessstudios usw.
- Nutzung von Musikbeiträgen auf Faschingsveranstaltungen
- Veranstaltung eines Konzertes
- Nutzung von musikalischen Werken für Anrufbeantworter, Warteschleifen oder Klingeltöne
- Beschallung von Restaurants, Bars und Diskotheken

Die Website gema.de informiert den Nutzer von musikalischen Werken in der „Repertoiresuche" darüber, für welche musikalischen Werke die GEMA zuständig ist. Außerdem kann der Nutzer dort den passenden Tarif recherchieren und Lizenzen erwerben.

2.6 Weitere Rechte des Urhebers

Das Urheberrecht gewährt dem Urheber in seiner persönlichen und geistigen Beziehung zu seinem Werk darüber hinaus die sogenannten Urheberpersönlichkeitsrechte.

2.6.1 Veröffentlichungsrecht

Der Urheber hat nach § 12 UrhG das Recht, zu bestimmen, ob und wie sein Werk zu veröffentlichen ist, veräußert, ausgestellt oder gesendet wird.

Das Urheberrechtsgesetz sagt also, dass ausschließlich der Urheber das Recht hat, darüber zu bestimmen, wie sein Werk veröffentlicht, das heißt der Öffentlichkeit zugänglich gemacht wird. Das Veröffentlichungsrecht gilt nur für die Erstveröffentlichung. Die Entscheidung eines Autors, sein Werk z. B. als Buch zu veröffentlichen, kann nicht zurückgenommen werden.

Beispielfall „Militärische Lagepläne"
Einer Zeitung wurden geheime militärische Lagepläne zum Einsatz der deutschen Bundeswehr in Afghanistan zugespielt. Die Zeitung hatte daraufhin diese Pläne im Internet veröffentlicht. War diese Veröffentlichung auch wegen des UrhG unzulässig? Damit musste sich das LG Köln beschäftigen. Das Gericht hat im Urteil vom 02.10.2014 (Az. 14 O 333/13) entschieden, dass der Urheberrechtsschutz greift, wenn Pläne – wie in diesem Fall – schöpferische Züge aufweisen. Die Zeitung wurde daher auch wegen Missachtung des Veröffentlichungsrechts nach § 12 UrhG zur Rechenschaft gezogen.

2.6.2 Namensnennungsrecht

Der Urheber hat nach § 13 UrhG das Recht, zu bestimmen, ob bei einer Veröffentlichung sein wahrer Name, ein Künstlername oder kein Name genannt wird.

Beispielfall „Berliner Mauer"
In einem Urteil vom 24.05.2007 (Az. I ZR 42/04) hat der BGH entschieden, dass der Urheber eines Gemäldes auf Segmenten der Berliner Mauer keinen Anspruch auf Benennung nach § 13 UrhG hat, wenn er sich selbst zuvor nicht zu seinem Werk bekannt hat (etwa durch Anbringung einer Urheberbezeichnung).

2.6.3 Schutz vor Beeinträchtigungen

Der Urheber hat nach § 14 UrhG das Recht, eine Entstellung oder eine andere Beeinträchtigung seines Werkes zu verbieten, die geeignet ist, seine berechtigten geistigen oder persönlichen Interessen am Werk zu gefährden.

Beispielfall „Klingeltöne"
Das Musikstück „Rock my life" wurde von einem Unternehmen unter Beachtung der Verwertungsrechte zum Klingelton umgestaltet und so zum Download angeboten. Die Komponistin Jeanette sah darin eine Entstellung ihres Musikwerkes, die ihren berechtigten persönlichen Interessen am Werk entgegensteht.

Der BGH hat in einem Urteil vom 18.12.2008 (Az. I ZR 23/06) entschieden, dass in dem konkreten Fall die Umgestaltung zum Klingelton unzulässig war, da diese Verwertung im Lizenzvertrag nicht explizit vereinbart war.

2.6.4 Zugänglichkeit des Werkes

Der Urheber kann nach § 25 vom Besitzer des Originals oder eines Vervielfältigungsstückes seines Werkes verlangen, dass er ihm das Original oder das Vervielfältigungsstück zugänglich macht, soweit dies zur Herstellung von Vervielfältigungsstücken oder Bearbeitungen des Werkes erforderlich ist und nicht berechtigte Interessen des Besitzers dem entgegenstehen. Der Besitzer ist jedoch nicht verpflichtet, das Original oder das Vervielfältigungsstück dem Urheber herauszugeben.

2.6.5 Bearbeitung und Umgestaltung

Für die Veröffentlichung von Bearbeitungen und Umgestaltungen eines Werkes wird laut § 23 UrhG stets die Einwilligung des Urhebers des bearbeiteten oder umgestalteten Werkes benötigt. Wenn es sich um eine Verfilmung des Werkes, die Ausführung von Plänen und Entwürfen eines Werkes der bildenden Künste, den Nachbau eines Werkes der Baukunst oder die Bearbeitung oder Umgestaltung eines Datenbankwerkes handelt, dann ist bereits für das Herstellen der Bearbeitung oder Umgestaltung die Einwilligung des Urhebers erforderlich.

Beispielfall „Alpensinfonie"
Bei der Fernsehaufzeichnung einer Konzertaufführung wird das dargebotene Musikwerk vervielfältigt, aber nicht verfilmt und damit auch nicht bearbeitet, so der BGH in einem Urteil vom 19.01.2006 (Az. I ZR 5/03).

2.6.6 Veräußerungsbeteiligung

Wird das Original eines Werkes der bildenden Künste oder eines Lichtbildwerkes weiterveräußert und ist hieran ein Kunsthändler oder Versteigerer als Erwerber, Veräußerer oder Vermittler beteiligt, so hat der Veräußerer nach § 26 UrhG dem Urheber einen Anteil des Veräußerungserlöses in Höhe von bis zu 4 % zu entrichten. Dieser Anspruch gilt nicht für Werke der Baukunst und der angewandten Kunst.

2.6.7 Nachvergütungsanspruch

Nach § 32a UrhG hat ein Urheber einen Nachvergütungsanspruch, wenn ein auffälliges Missverhältnis zwischen der Vergütung für die Nutzungsrechte und dem unternehmerischen Erfolg durch das Werk besteht.

Dieser Anspruch kann auch dann geltend gemacht werden, wenn sich dieser Erfolg erst Jahre später einstellt.

Beispielfall „K1X"
Der Kläger hatte 1998 das hier abgebildete Logo gestaltet und 10 DM sowie ein paar Schuhe dafür erhalten. Im Jahr 2002 räumte er dem Unternehmen gegen Zahlung von 2.000 € weitgehende Nutzungsrechte ein.

Der Gestalter des Logos sah trotz der zweimaligen Vergütung ein Missverhältnis zwischen seiner Vergütung und dem unternehmerischen Erfolg und klagte auf Nachvergütung.

Das OLG München hat im Urteil vom 06.11.2013 (Az. 37 O 9869/13) dem Urheber einen Nachvergütungsanspruch zugesprochen. Weil es sich um das Logo eines Bekleidungsunternehmens handelt, wurde das Logo als wesentlich für die Wertschöpfung des Unternehmens eingestuft. Das Gericht hat daher den Gesamtumsatz des Unternehmens als Bemessungsgrundlage für den Anspruch herangezogen.

2.7 Besonderheiten des Urheberrechts

In diesem Kapitel werden „Schranken" (Ausnahmen) und Besonderheiten des UrhG behandelt.

2.7.1 Berichterstattung

§ 50 UrhG erleichtert die anschauliche Berichterstattung über aktuelle Ereignisse in Fällen, in denen Journalisten oder ihren Auftraggebern die rechtzeitige Einholung der erforderlichen Zustimmung des Rechteinhabers noch vor dem Abdruck oder der Sendung eines aktuellen Berichts nicht möglich oder nicht zumutbar ist. § 51a erweitert diese Schranke um den Zweck der Karikatur, der Parodie und des Pastiches (Kunstwerk, das das Werk eines vorangegangenen Künstlers imitiert).

2.7.2 Zitat

Es gibt gemäß § 51 UrhG die Möglichkeit, Werke als „Zitat" zu veröffentlichen, ohne über die Nutzungsrechte zu verfügen. Zulässig ist die Vervielfältigung, Verbreitung und öffentliche Wiedergabe aber nur, wenn die Nutzung in ihrem Umfang durch den besonderen Zweck gerechtfertigt ist.

Beispielfall „Spontan-Jodeln"
Im vorliegenden Fall hatte Stefan Raab in der Sendung TV Total einen 20-sekündigen Ausschnitt zum Thema „Spontan-Jodeln" aus einer Sendung des Hessischen Rundfunks nahezu unkommentiert gesendet. Zu klären war, ob dies im Rahmen des Zitatrechts zulässig war.

Der BGH hat in seinem Urteil vom 20.12.2007 (Az. I ZR 42/05) entschieden, dass ein Zitatrecht nur dann zum Tragen kommt, wenn eine ausreichende Auseinandersetzung mit dem Zitat stattfindet, was hier nicht der Fall war.

Beispielfall „Dieter Bohlen"
In einem weiteren Fall hatte die Zeitschrift „Focus" einen Ausschnitt aus der „Bild"-Zeitung abgebildet und über die Berichterstattung der „Bild"-Zeitung berichtet. Es ging in dem Artikel über die Auseinandersetzung der damaligen Eheleute Dieter Bohlen und Verona Feldbusch.

Der BGH hat am 11.07.2002 entschieden (Az. I ZR 285/99), dass dies im Rahmen der Berichterstattung über Tagesereignisse zulässig war.

2.7.3 Beiwerk

Besonders für die Fotografie ist § 57 UrhG interessant, demnach ist es zulässig, Werke zu vervielfältigen, zu verbreiten und öffentlich wiederzugeben, wenn sie als *unwesentliches Beiwerk* neben dem eigentlichen Gegenstand der Vervielfältigung, Verbreitung oder öffentlichen Wiedergabe anzusehen sind.

Beispielfall „T-Shirt"
Das OLG München entschied am 13.03.2008 (Az. 29 U 5826/07), dass dem Gestalter eines T-Shirts – das eine Person auf der Titelseite der Zeitschrift Focus getragen hat – keine urheberrechtlichen Ansprüche zustehen. Das Design sei nur unwesentliches Beiwerk neben dem eigentlichen Gegenstand der Darstellung, so das Gericht.

2.7.4 Werbung

§ 58 UrhG erlaubt es – ohne Zustimmung des Urhebers –, Abbildungen von Werken der bildenden Künste und von Lichtbildwerken zu erstellen und zu verwenden, um für öffentliche Ausstellungen oder Verkäufe zu werben, soweit dies zur Förderung der Veranstaltung erforderlich ist. Auch dürfen diese Werke in Verzeichnissen gezeigt werden, die von öffentlich zugänglichen Bibliotheken, Bildungseinrichtungen oder Museen in inhaltlichem und zeitlichem Zusammenhang mit einer Ausstellung oder zur Dokumentation von Beständen herausgegeben werden und mit denen kein eigenständiger Erwerbszweck verfolgt wird.

Nach § 17 Abs. 2 UrhG müssen das Urheberrecht ebenso wie andere Schutzrechte gegenüber dem Interesse an der Verkehrsfähigkeit zurücktreten, soweit der Berechtigte bei Erstverbreitung werbliche Ankündigungen nicht untersagt bzw. von einer Vergütung abhängig macht.

Beispielfall „Produktfotos"
Der Bundesgerichtshof hat am 04.05.2000 (Az. I ZR 256/97) entschieden, dass ein Online-Buchhändler die Buchcover der von ihm verkauften Bücher für den Verkauf des Buches im Internet abfotografieren darf, um diese zu vermarkten.

2.7.5 Panoramafreiheit

Werke, die sich bleibend an öffentlichen Wegen, Straßen oder Plätzen befinden, dürfen laut § 59 UrhG mit Mitteln der Malerei oder Grafik, durch Lichtbild oder durch Film vervielfältigt, verbreitet und öffentlich wiedergegeben werden.

Die Panoramafreiheit gilt übrigens nach allgemeiner Ansicht auch für Sand- oder Eisskulpturen, weil sie von Natur aus vergänglich sind, aber sich während ihrer Existenz „bleibend" an einem öffentlichen Ort befinden.

Wenn sich der Ersteller einer Abbildung eines Werkes auf die Panoramafreiheit berufen möchte, müssen jedoch Voraussetzungen erfüllt sein:

- Die Abbildung muss von einem für das Publikum allgemein zugänglichen Ort aus aufgenommen werden.
- Die Abbildung muss das Motiv unverändert darstellen.
- Es dürfen keine Hilfsmittel (Leiter, Hubschrauber usw.) genutzt werden, die die Perspektive verändern. Daher fallen auch Luftbilder, die z. B. mit Drohnen erstellt werden, nicht unter die Panoramafreiheit.
- Bei Bauwerken erstrecken sich diese Befugnisse nur auf die äußere Ansicht.

Beispielfall „AIDA"
Das OLG Köln musste im Urteil vom 23.10.2015 (Az. 6 U 34/15) darüber entscheiden, ob ein auf der Außenseite eines AIDA-Kreuzfahrtschiffes aufgebrachtes Werk (hier: Kussmund und Augen) ohne Zustimmung des Berechtigten durch ein Foto vervielfältigt und verbreitet werden darf.

Dies bejahte das Gericht, da das Schiff sich zwar nicht fest an einem bestimmten Ort befindet, es aber für den Einsatz im öffentlichen Raum bestimmt und daher auch für die Allgemeinheit von außen betrachtbar ist. Allerdings muss ein allgemein zugänglicher Ort für das Foto gewählt werden.

AIDA-Kreuzfahrtschiff

Beispielfall „Hundertwasser"
Ein Fotograf hatte aus einer gegenüberliegenden Wohnung und damit aus erhöhter Perspektive ein Foto vom

Hundertwasser-Haus in Wien

Dieses Foto wurde von einem allgemein zugänglichen Ort aus aufgenommen und ist daher durch die Panoramafreiheit zulässig.

„Hundertwasser-Haus" in Wien aufgenommen. Ein Unternehmen hatte ein Poster mit dem Foto zum Verkauf angeboten.
Der BGH hat im Urteil vom 05.06.2003 (Az. I ZR 192/00) klargestellt, dass in diesem Fall § 59 nicht greift. Das Unternehmen hätte hierfür die Zustimmung des Urhebers des Bauwerks bzw. von dessen Erben benötigt.

2.7.6 Bildnisse von Personen

§ 60 UrhG erlaubt für Fotos, die auf Bestellung von Dritten erstellt worden sind, die Vervielfältigung und unentgeltliche Verbreitung im nichtgewerblichen Bereich durch den Besteller des Bildnisses bzw. durch den Abgebildeten. Handelt es sich bei dem Bildnis um ein Werk der bildenden Künste, so ist die Verwertung nur durch Lichtbild zulässig.

Beispielfall „Passfotos"
Ein Fotograf hatte von den Angestellten eines Unternehmens Fotos angefertigt. Diese wurden auf der Firmenwebsite online gestellt. Das OLG Köln hat im Urteil vom 19.12.2003 (AZ 6 U 91/03) entschieden, dass die Veröffentlichung von Passbildern in diesem Fall nicht über § 60 UrhG legitimiert werden kann, da es sich hier um eine gewerbliche Nutzung handelt.

2.7.7 Zugänglichkeit

§ 19a UrhG formuliert das Recht des Urhebers, über die öffentliche Zugänglichmachung eines Werkes zu verfügen. Der Urheber kann hierzu sein Werk z. B. auf einer Website darstellen, einbinden oder zum Download anbieten.

Beispielfall „Thumbnails"
Darf Google in der Bildersuche Abbildungen von Werken, die Dritte ins Internet eingestellt haben, als Vorschaubilder (Thumbnails) in der Trefferliste seiner Suchmaschine auflisten?

Ja, so der BGH in einem Urteil vom 29.04.2010 (Az. I ZR 69/08). In der Begründung heißt es, dass ein Urheber Maßnahmen ergreifen muss, die den Zugriff von Suchmaschinen auf sein Werk verhindern, wenn er nicht wünscht, dass sein Werk in einer Bildersuchmaschine angezeigt wird.

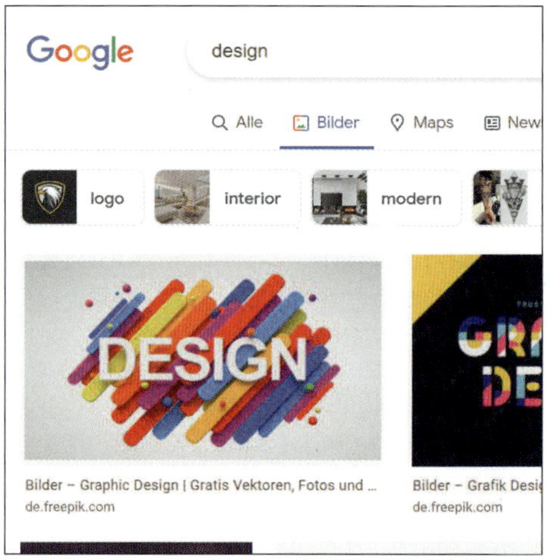

2.8 Creative Commons

Creative Commons (CC) ist eine gemeinnützige Organisation, die vorgefertigte Lizenzverträge anbietet, die Urheber von rechtlich geschützten Inhalten einfach einsetzen können.
Die in der Tabelle dargestellten Rechtemodule können aktuell wie folgt kombiniert werden:

- CC BY
- CC BY-ND
- CC BY-NC
- CC BY-NC-ND
- CC BY-NC-SA
- CC BY-SA

Mit der Darstellung der Rechtemodule und der Verlinkung auf die Lizenzbedingungen können Urheber auf Webseiten ihre Werke schnell und einfach kennzeichnen.

Achtung, die CC-Lizenzen regeln nur die Urheberrechte, es können dennoch Marken- oder Persönlichkeitsrechte vorhanden sein, die eine Veröffentlichung nicht zulassen.

Eine Besonderheit stellt die CC0-Lizenz dar, sie wird in Form von Rechtemodulen so dargestellt: (CC0). Mit „CC0" können Urheber ihre Schöpfungen kennzeichnen, wenn sie auf sämtliche Urheberrechte verzichten wollen. Die „0" steht dabei für „No Copyright". Die Lizenz soll die gekennzeichneten Werke mit denen gleichstellen, für die die Schutzfrist bereits abgelaufen ist und die deswegen gemeinfrei sind. Nutzer können diese dann vollkommen frei verwenden.

Für Deutschland bedeutet die CC0-Lizenz nur, dass der Urheber für das Werk auf die Verwertungs- und Nutzungsrechte verzichtet wie auch auf eine Namensnennung. Das Urheberrecht selbst kann der Urheber in Deutschland nicht abgeben, da dieses Recht unveräußerlich ist und nur durch den Tod des Urhebers auf eine andere Person übergehen kann. Eine „Gemeinfreiheit" ist also in Deutschland durch lizenzrechtliche Bestimmungen nicht herstellbar. So könnte der Urheber z. B. auch bei einer CC0-Lizenz Ansprüche geltend machen, wenn ein Nutzer das Werk entstellt oder auf andere Weise beeinträchtigt (§ 14 UrhG).

Creative Commons
Rechtemodule mit Erläuterungen

Icon	Kürzel	Name	Erklärung
	BY	Namensnennung	Der Name des Urhebers muss genannt werden.
	NC	Nicht kommerziell (non-commercial)	Das Werk darf nicht für kommerzielle Zwecke verwendet werden.
	ND	Keine Bearbeitung (no derivatives)	Das Werk darf nicht verändert werden.
	SA	Weitergabe unter gleichen Bedingungen (share alike)	Das Werk darf nur unter der gleichen Lizenz weitergegeben werden.

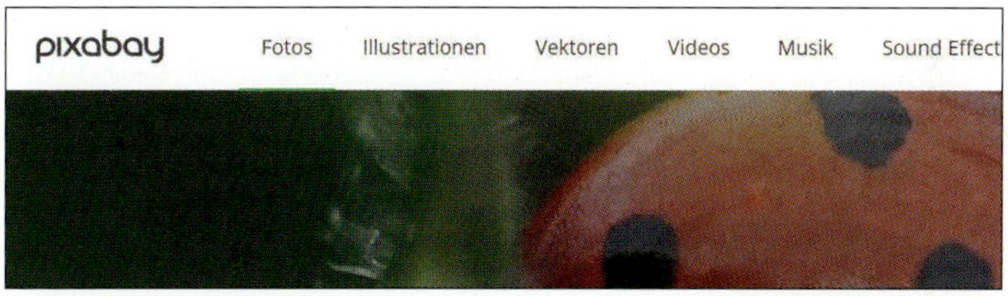

Bilder mit CC0-Lizenz
pixabay.com

Weitere Quellen für Bilder mit CC0-Lizenz:
unsplash.com
pexels.com

Beispielfall „flickr"
Ein auf flickr.com unter der Lizenz „BY-NC 2.0 Generic" angebotenes Foto wurde auf der Website des Deutschlandradios veröffentlicht, ein im Bild angebrachter Urhebervermerk wurde zuvor entfernt. Das OLG Köln hat am 31.10.2014 (Az. 6 U 60/14) einerseits entschieden, dass das Deutschlandradio zwar als „nicht kommerziell" einzustufen ist, andererseits wurde aber gegen die CC-Lizenz verstoßen, die besagt, dass „vorhandene Urheberbezeichnungen beizubehalten" sind.

2.9 Aufgaben

1 Revidierte Berner Übereinkunft erklären

Erklären Sie, worum es in der revidierten Berner Übereinkunft geht.

2 Ziel des Urhebergesetzes beschreiben

Beschreiben Sie die Zielsetzung des Urhebergesetzes.

3 Person des Urhebers definieren

Erklären Sie, um wen es sich bei einem „Urheber" handelt.

4 Persönliche geistige Schöpfung erklären

Nennen Sie die Bedingungen, die erfüllt sein müssen, dass etwas eine persönliche geistige Schöpfung ist.

1.

2.

3.

5 Verkäuflichkeit von Rechten kennen

Kreuzen Sie in der Tabelle an, welche Rechte veräußert werden können und welche nicht.

Recht	Verkauf möglich?	
	Ja	Nein
Urheberrecht		
Verwertungsrecht		
Nutzungsrecht		

6 Unterschied Lichtbild/Lichtbildwerk kennen

Erklären Sie den Unterschied zwischen einem Lichtbild und einem Lichtbildwerk.

7 Schutzdauer kennen

Nennen Sie die Schutzdauer für die folgenden Medien nach UrhG.

Lichtbildwerk:

Lichtbild:

8 Beispiele für „angewandte Kunst" kennen

Nennen Sie vier Beispiele, die zu Werken der angewandten Kunst zählen.

1.

2.

3.

4.

9 Verwertung erklären

Erklären Sie, was unter „Verwertung" verstanden wird.

10 Körperliche und unkörperliche Verwertung unterscheiden

Nennen Sie je zwei Beispiele für eine körperliche und eine unkörperliche Verwertung.

Körperliche Verwertung:

1.

2.

Unkörperliche Verwertung:

1.

2.

11 Regelungen zur Privatkopie kennen

Nennen Sie die zwei Bedingungen, unter denen eine Privatkopie zulässig ist.

1.

2.

12 Umgang mit Kopierschutz kennen

Worin unterscheidet sich rechtlich eine kopiergeschützte Musik-CD von einer kopiergeschützten Software-CD?

13 Einfaches Nutzungsrecht kennen

Erklären Sie, was man unter einem einfachen Nutzungsrecht versteht.

3.

14 Ausschließliches Nutzungsrecht kennen

Erklären Sie, was man unter einem ausschließlichen Nutzungsrecht versteht.

15 Tätigkeit von Verwertungsgesellschaften kennen

Beschreiben Sie die Tätigkeit von Verwertungsgesellschaften.

16 Aufgaben von Verwertungsgesellschaften kennen

Beschreiben Sie die drei zentralen Aufgaben von Verwertungsgesellschaften.

1.

2.

17 Fälle kennen, in denen GEMA-Gebühren gezahlt werden müssen

Nennen Sie drei Beispiele, in denen GEMA-Gebühren gezahlt werden müssen.

1.

2.

3.

18 Bedeutung der Urheberpersönlichkeitsrechte kennen

Erklären Sie die besondere rechtliche Bedeutung von Urheberpersönlichkeitsrechten.

19 Urheberpersönlichkeitsrechte kennen

Nennen Sie fünf Urheberpersönlichkeitsrechte.

1.

2.

3.

4.

5.

20 Beiwerk-Regelung kennen

Erklären Sie die Regelung zu „unwesentlichem Beiwerk" bezogen auf Fotos.

21 Regelung zu Produktfotos kennen

Erläutern Sie, warum es erlaubt ist, Produkte, die für den Verkauf vorgesehen sind, zu fotografieren und die Fotos zu veröffentlichen.

22 Panoramafreiheit kennen

Nennen Sie die fünf Bedingungen, an die die Panoramafreiheit geknüpft ist.

1.

2.

3.

4.

5.

23 Creative Commons kennen

Erklären Sie die in der Tabelle dargestellten Piktogramme:

Icon	Erklärung

3.1 Recht am eigenen Bild

Das KunstUrhG ist zwar weiterhin gültig, in vielen Fällen gilt aber die europäische Datenschutz-Grundverordnung (DSGVO) vorrangig. Die DSGVO definiert deutlich engere Rahmenbedingungen beim Fotografieren, dazu mehr im Kapitel 6 „Datenschutz".

3.1.1 Bildnisse von Personen

Fragen im Zusammenhang mit der Veröffentlichung von Abbildungen von Personen regelt das „Gesetz betreffend das Urheberrecht an Werken der bildenden Künste und der Photographie" (KunstUrhG).

Wobei unter „Bildnissen" – wie diese Abbildungen im KunstUrhG genannt werden – jegliche Darstellung einer Person gemeint ist, die eine Erkennbarkeit der Person ermöglicht. Das bedeutet, dass neben Fotos auch ein Gemälde oder eine Statue ein „Bildnis" darstellt.

Nach § 22 KunstUrhG dürfen solche Abbildungen nur mit Einwilligung des Abgebildeten verbreitet oder öffentlich zur Schau gestellt werden. Wenn der Abgebildete dafür, dass er sich abbilden ließ, eine Entlohnung erhielt, zählt dies auch als Einwilligung.

Eine Einwilligung für die Veröffentlichung ist notwendig bis 10 Jahre nach dem Tod des Abgebildeten. Die Einwilligung muss bis zu seinem Tod von ihm selbst und danach von dessen Angehörigen eingeholt werden.

Beispielfall „Tina Turner"
Das streitgegenständliche Plakat warb für eine Show, in der Lieder von Tina Turner nachgesungen werden. Der Name der Sängerin war abgedruckt, sowie die Abbildung einer Doppelgängerin. Dies ist über die Kunstfreiheit abgedeckt, so der BGH in seinem Urteil vom 24.02.2022 (Az. I ZR 2/21). Allerdings dürfe dabei nicht der Eindruck erweckt werden, Tina Turner unterstütze die Show oder wirke sogar an ihr mit.

Beispielfall „Jogi Löw"
Anders als im Fall um Tina Turner hatte Jogi Löw mit seiner einstweiligen Verfügung Erfolg. Das LG Köln hat in seinem Beschluss vom 11.06.2021 (Az. 28 O 218/21) entschieden, dass die Werbung eines Discounters unter Verwendung eines Doppelgängers des Prominenten Jogi Löw dessen allgemeines Persönlichkeitsrecht verletzt.

P. Bühler et al., *Medienrecht*, Bibliothek der Mediengestaltung,
https://doi.org/10.1007/978-3-662-66667-8_3

3.1.2 Zeitgeschehen

„Bildnisse aus dem Bereiche der Zeitgeschichte" erfordern bei einer Veröffentlichung laut § 23 KunstUrhG keine Einwilligung des Abgebildeten, falls die Veröffentlichung einen zeitgeschichtlichen Bezug aufweist und nicht z. B. rein zu Werbezwecken geschieht. Der Begriff „Zeitgeschichte" ist jedoch nach Auffassung der Gerichte großzügiger als „Zeitgeschehen" zu deuten, der Anlass muss von medialem Interesse sein, jedoch ohne dabei lediglich der Befriedigung von Neugierde zu dienen.

Absolute Person der Zeitgeschichte
Eine absolute Person der Zeitgeschichte ist, wer aufgrund seiner Stellung, Taten oder Leistungen außergewöhnlich herausragt und deshalb derart im Blickpunkt der Öffentlichkeit steht, dass ein besonderes Informationsinteresse an der Person selbst sowie an allen Vorgängen, die ihre Teilnahme am öffentlichen Leben ausmachen, besteht (z. B. Angela Merkel, Dieter Bohlen). Fotos von diesen Personen dürfen ohne ihre Einwilligung im Kontext mit dem Zeitgeschehen veröffentlicht werden.

Beispielfall „Oskar Lafontaine"
Der Autovermieter Sixt hatte nach dem Ausscheiden des früheren Bundesfinanzministers Oskar Lafontaine aus dem Bundeskabinett im März 1999 die rechts abgebildete Werbeanzeige geschaltet. Der Fall wurde in letzter Instanz vor dem BGH verhandelt, der im Urteil vom 26.10.2006 (Az. I ZR 182/04) zugunsten von Sixt entschieden hat.

Ein Auszug aus den Leitsätzen des Urteils: „Eine prominente Persönlichkeit aus dem Bereich der Zeitgeschichte muss es zwar regelmäßig nicht dulden, dass das eigene Bildnis von Dritten für deren Werbezwecke eingesetzt wird. Doch findet [...] hier eine Güterabwägung statt, die dazu führen kann, dass die Verwendung des fremden Bildnisses in einer Werbeanzeige, die sich satirisch mit einem aktuellen Tagesereignis auseinandersetzt, vom Betroffenen hingenommen werden muss."

Beispielfall „Prinzessin Caroline"
Ein langwieriger Fall begann 1994 vor dem LG Hamburg und endete am 24.06.2004 vor dem Europäischen Gerichtshof für Menschenrechte (EGMR) (Az. 59320/00).

Prinzessin Caroline von Hannover (ehemals von Monaco) hatte wegen der Veröffentlichung von Paparazzi-Fotos in Unterhaltungszeitschriften geklagt, die sie teils mit ihren Kindern, teils mit ihrem Ehemann zeigten. Die Klage hatte vor keinem deutschen Gericht Erfolg. Landgericht, Oberlandesgericht, Bundesgerichtshof und Bundesverfassungsgericht entschieden, dass die Veröffentlichung zulässig war. Prinzessin Caroline gab sich damit nicht zufrieden und verklagte Deutschland vor dem Europäischen Gerichtshof für Menschen-

Sixt-Werbung

rechte wegen der Verletzung des Rechts auf Achtung ihres Privat- und Familienlebens. Der EGMR entschied zugunsten von Prinzessin Caroline. Der Anspruch auf Schadensersatz wurde außergerichtlich vereinbart. Die Bundesrepublik Deutschland zahlte Caroline 2005 Schadensersatz wegen nicht ausreichenden Schutzes durch die deutschen Gerichte inklusive einer Unkostenerstattung in Höhe von 115.000 €.

Relative Person der Zeitgeschichte
Relative Personen der Zeitgeschichte sind Menschen, die in Zusammenhang mit einem zeitgeschichtlichen Ereignis in den Blick der Öffentlichkeit geraten sind (z. B. die Opfer eines Geiseldramas (unfreiwillig) oder Sportler während eines Spiels (freiwillig)). Bilder dieser Personen dürfen nur im Zusammenhang mit diesem Ereignis ohne Einwilligung veröffentlicht werden.

Begleiterregel
Nach der sogenannten Begleiterrechtsprechung des BGH zählen zu den relativen Personen der Zeitgeschichte auch Lebenspartner oder Kinder von absoluten Personen der Zeitgeschichte.

Fotos von diesen Personen dürfen allerdings nur dann veröffentlicht werden, wenn sie sich mit den absoluten Personen der Zeitgeschichte gemeinsam zu einem zeitgeschichtlichen Ereignis begeben und auch nur im Zusammenhang mit diesem Ereignis dürfen solche Fotos verwendet werden.

Beispielfall „Tochter von Oliver Kahn"
Oliver Kahn hatte seine Tochter zur öffentlichen Feier des FC Bayern München als deutscher Meister am 14.05.2005 mitgenommen. Dort wurde von den beiden ein Foto erstellt, das später in der Zeitschrift „neue woche" veröffentlicht wurde. Das OLG Hamburg hat in seinem Beschluss vom 27.02.2006 (Az. 7 W 8/06) entschieden, dass die Tochter von Oliver Kahn zusammen mit ihrem Vater abgebildet werden durfte. Das Foto bebildert ein zeitgeschichtliches Ereignis, über das berichtet wurde, und durfte daher nach § 23 KunstUrhG ohne Einwilligung veröffentlicht werden.

3.1.3 Personen als Beiwerk

Laut § 23 KunstUrhG werden Personen als „Beiwerk" angesehen, wenn sie „neben einer Landschaft oder sonstigen Örtlichkeit erscheinen". In diesem Fall ist eine Veröffentlichung ohne Einwilligung zulässig, soweit kein berechtigtes Interesse der dargestellten Person dem entgegensteht.

Ob eine Person „Beiwerk" ist oder nicht, hängt nicht von der Größe oder Erkennbarkeit der Person ab, sondern davon, was das zentrale Bildmotiv ist.

3.1.4 Versammlungen

Eine besondere Regelung gibt es, wenn mehrere Menschen auf einem Foto zu sehen sind. § 23 KunstUrhG sieht vor, dass wenn Personen an „Versammlungen, Aufzügen und ähnlichen Vorgängen" teilgenommen haben, eine Veröffentlichung ohne Einwilligung zulässig ist, soweit kein berechtigtes Interesse der dargestellten Personen dem entgegensteht. Gemeint sind Fälle, in denen sich Menschen zu einem bestimmten Zweck in der Öffentlichkeit versammeln. Beim Wort „Aufzügen" merken Sie, dass das Gesetz aus dem Jahr 1907 stammt, gemeint sind damit „festliche Umzüge". Es gibt keine klare Grenze, ab wie vielen Personen eine Menschenansammlung als „Versammlung" zählt. Im Alltag bedeutet diese

Regelung, dass demnach z. B. Fotos von Teilnehmern – auch Zuschauern – eines Fasnachtsumzuges im Zusammenhang mit der Veranstaltung ohne Einwilligung veröffentlicht werden dürfen.

3.1.5 Interessenverletzung

Nach § 23 KunstUrhG ist die Veröffentlichung von Abbildungen von Personen nur dann ohne Einwilligung erlaubt, wenn kein „berechtigtes Interesse des Abgebildeten oder, falls dieser verstorben ist, seiner Angehörigen verletzt wird". Bei der Veröffentlichung von Fotoaufnahmen, die z. B. von prominenten Personen im Urlaub gemacht werden, handelt es sich in der Regel nicht um Bildnisse aus dem Bereich der Zeitgeschichte. Eine Entscheidung lässt sich aber nur unter Berücksichtigung des Einzelfalles entscheiden, das zeigt auch der nachfolgende Gerichtsfall.

Beispielfall „Oben-ohne-Fotos"
Während eines Urlaubs wurden von einer Schauspielerin heimlich Fotos aufgenommen, die diese mit unbekleidetem Oberkörper zeigten. Diese Fotos wurden in der Zeitschrift SUPERillu veröffentlicht. Das LG Hamburg hat in einem Urteil vom 12.12.2003 (Az. 324 O 593/03) entschieden, dass die Veröffentlichung der Fotos zulässig war. Ausschlaggebend war, dass die Schauspielerin zuvor von sich im Playboy Nacktaufnahmen hat veröffentlichen lassen, was noch nicht lange zurücklag. Tenor des Gerichts: Wer freiwillig Nacktfotos von sich veröffentlichen lässt, kann sich später nicht auf seine „Privatsphäre" berufen, wenn eine Zeitschrift ohne Einwilligung Oben-ohne-Fotos veröffentlicht. Die Öffentlichkeit kennt schließlich diesen Teil der Privatsphäre bereits.

Fasnachtsumzug in Rottweil

Die abgebildeten Personen sind Teilnehmer eines „Aufzuges".

3.1.6 Staatliche Verwendung

Nach § 24 KunstUrhG ist die Veröffentlichung von Abbildungen von Personen für Zwecke der Rechtspflege und der öffentlichen Sicherheit ohne Einwilligung des Berechtigten zulässig.

3.1.7 Einwilligung

Eine Einwilligung zur Veröffentlichung von Fotos gilt rechtlich als erteilt, wenn die abgebildete Person sich bewusst damit auseinandergesetzt hat. So reicht laut § 22 KunstUrhG zur Einwilligung z. B. die Tatsache, dass die abgebildete Person dafür, dass sie sich abbilden ließ, eine Entlohnung erhielt. Ein Fotograf sollte sich dennoch von abgebildeten Personen immer eine Einwilligungserklärung unterschreiben lassen, um Rechtssicherheit zu haben.

Beispielfall „Diskofotos"
Eine Diskothek hatte Fotos eines Gastes zu Werbezwecken im Internet veröffentlicht. Ein Hinweis in der Hausordnung informierte darüber, dass jeder Gast mit Betreten seine Einwilligung zur Veröffentlichung von Fotos erteilt. Das AG Ingolstadt hat am 28.04.2009 (Az. 10 C 2700/08) entschieden, dass dieses Vorgehen rechtswidrig ist.

3.2 Fotoerstellung

Umkleidebereich im Schwimmbad

3.2.1 Strafbare Handlungen

Verstöße z. B. gegen KunstUrhG, UrhG und DSGVO können kostspielig werden. Ein Verstoß gegen das StGB (Strafgesetzbuch) kann sogar eine Haftstrafe nach sich ziehen.

Nach § 201a StGB kann bereits die Erstellung eines Fotos strafbar sein, wenn dies eine „Verletzung des höchstpersönlichen Lebensbereichs" darstellt. Für die Strafbarkeit müssen jedoch einige Voraussetzungen erfüllt sein.

Seit 2021 stellt § 184k StGB nun auch Spannerfotos in der Öffentlichkeit unter Strafe. Zum besseren Verständnis wurden die §§ 184k und 201a StGB unten tabellarisch aufbereitet. Erstellt z. B. ein Fotograf ein Aktfoto (Fall 1 > a > A), ist die nicht genehmigte Ausstellung im Schaufenster ein Verstoß gegen § 201a StGB. Bei kinderpornografischen Inhalten ist nach § 184b StGB bereits der Besitz strafbar.

Beispielfall „Frauenarzt"

Der BGH hat im Beschluss vom 26.02.2015 (Az. 4 StR 328/14) festgestellt, dass es strafbar ist, wenn ein Frauenarzt heimlich die gynäkologische Untersuchung seiner Patientinnen filmt, ohne dass für das Filmen eine medizinische Notwendigkeit besteht, auch wenn die Frauen nicht hinreichend erkennbar sind.

Übersicht zu strafbaren Handlungen

Die Fälle 1, 2, 3 und 4 stellen unter den dargestellten Bedingungen nach § 201a StGB strafbare Handlungen dar.

<table>
<tr><th></th><th colspan="3">Bedingungen</th><th colspan="2">Erlaubnis zur Fotoerstellung?</th><th>Strafbare Handlungen</th></tr>
<tr><td rowspan="4">1</td><td rowspan="4">Das Foto wurde von einer anderen Person erstellt und der höchstpersönliche Lebensbereich der abgebildeten Person wurde durch die Aufnahme verletzt.</td><td rowspan="2">a</td><td rowspan="2">Die abgebildete Person hat sich in einer Wohnung oder einem gegen Einblick besonders geschützten Raum befunden.</td><td>A</td><td>Abgebildete Person hat der Aufnahme zugestimmt</td><td>Unbefugte Weitergabe bzw. Veröffentlichung</td></tr>
<tr><td>B</td><td>Keine Zustimmung durch die abgebildete Person</td><td>Herstellung, Weitergabe, Veröffentlichung</td></tr>
<tr><td rowspan="2">b</td><td rowspan="2">Die Hilflosigkeit der abgebildeten Person wird zur Schau gestellt.</td><td>A</td><td>Abgebildete Person hat der Aufnahme zugestimmt</td><td>Unbefugte Weitergabe bzw. Veröffentlichung</td></tr>
<tr><td>B</td><td>Keine Zustimmung durch die abgebildete Person</td><td>Herstellung, Weitergabe, Veröffentlichung</td></tr>
<tr><td>2</td><td colspan="3">Das Foto stellt in grob anstößiger Weise eine verstorbene Person zur Schau.</td><td colspan="2">–</td><td>Herstellung, Weitergabe, Veröffentlichung</td></tr>
<tr><td>3</td><td colspan="3">Das Foto wurde von einer anderen Person erstellt und die Aufnahme ist geeignet, dem Ansehen der abgebildeten Person erheblich zu schaden.</td><td colspan="2">Keine Zustimmung durch die abgebildete Person</td><td>Weitergabe, Veröffentlichung</td></tr>
<tr><td>4</td><td colspan="3">Bildgegenstand ist die Nacktheit einer anderen Person unter achtzehn Jahren.</td><td colspan="2">Unerheblich, ob mit oder ohne Zustimmung</td><td>Handel mit solchen Aufnahmen, Herstellung (wenn beabsichtigt wird, die Aufnahme zu verkaufen)</td></tr>
<tr><td>5</td><td colspan="3">Das Foto wurde von einer anderen Person erstellt und stellt absichtlich oder wissentlich Genitalien, Gesäß, die weibliche Brust oder die diese Körperteile bedeckende Unterwäsche dar, soweit diese Bereiche gegen Anblick geschützt sind.</td><td colspan="2">Keine Zustimmung durch die abgebildete Person</td><td>Herstellung, Weitergabe, Veröffentlichung</td></tr>
</table>

Beispielfall „Sauna“
Ein Mann hatte versucht eine Saunabesucherin nackt zu fotografieren, woran er jedoch durch das Einschreiten des Ehemannes der Frau gehindert wurde. Das OLG Koblenz hat im Beschluss vom 11.11.2008 (Az. 1 Ws 535/08) entschieden, dass eine öffentliche Sauna keinen „gegen Einblick besonders geschützter Raum“ darstellt. Eine öffentliche Sauna ist für jedermann zugänglich, der eine entsprechende Eintrittskarte erworben hat, daher lag hier keine strafbare Handlung nach § 201a StGB vor.

3.2.2 Persönlichkeitsrechte

§ 22 KunstUrhG regelt, dass die Verbreitung und öffentliche Zurschaustellung eines Bildnisses ohne Einwilligung der abgebildeten Person strafbar ist.

In Einzelfällen kann jedoch auch das bloße Herstellen einer Aufnahme einer Person, die sich nicht im persönlichen Rückzugsbereich, sondern in der Öffentlichkeit aufhält, gegen das allgemeine Persönlichkeitsrecht verstoßen.

3.2.3 Hausrecht

Das Hausrecht ermöglicht es natürlichen und juristischen Personen, auf dem eigenen Grundstück oder im eigenen Haus bzw. in der eigenen Wohnung Regeln aufzustellen, an die sich Besucher halten müssen. Wenn ein Hausrechtsinhaber das Fotografieren untersagt, müssen sich die Besucher daran halten. Aber auch im öffentlichen Bereich kann das Fotografieren unter Strafe stehen, so z. B. das Ablichten von militärischen Einrichtungen und Anlagen nach § 109g StGB, allerdings nur, wenn die Sicherheit der Bundesrepublik oder die Schlagkraft der Truppe dadurch gefährdet ist. Ebenso ist das Fotografieren und Filmen während Gerichtsverhandlungen nach § 169 GVG (Gerichtsverfassungsgesetz) verboten.

3.2.4 Drohnenfotos/-filme

Drohne

Bei der Verwendung von Drohnen ist besondere Vorsicht geboten. Neben UrhG, KunstUrhG und DSGVO gilt es, u. a. folgende Vorschriften zu beachten:

- Luftverkehrsgesetz (LuftVG)
- Luftverkehrs-Ordnung (LuftVO)
- EU-Drohnenverordnung

Für alle Drohnen besteht Versicherungspflicht. Es müssen Abstände eingehalten werden und ab 250 g Gewicht ist ein EU-Drohnenführerschein erforderlich. Die meisten Drohnen müssen registriert sein, oft ist eine Genehmigung vor dem Flug erforderlich.

Beispielfall „Drohnenabschuss“
Das Amtsgericht Riesa hat mit Urteil vom 24.04.2019 (Az. 9 Cs 926 Js 3044/19) entschieden, dass der Abschuss einer Drohne rechtens sein kann, wenn dies zur Abwendung einer Gefahr erforderlich ist und der Schaden nicht außer Verhältnis zu der Gefahr steht. Im vorliegenden Fall konnte sich der Schütze auf § 229 BGB (Selbsthilfe) berufen. Er konnte glaubhaft darlegen, dass er durch den Abschuss der 1.500 € teuren Drohne verhindern konnte, dass Aufnahmen von seiner Familie „sein Grundstück verlassen“ und dass durch die Drohne ein Mitglied seiner Familie verletzt wird.

3.2.5 Datenschutz

Die DSGVO greift bereits bei der Fotoerstellung, soweit ein Foto nicht ausschließlich der Ausübung persönlicher oder familiärer Tätigkeiten dient, mehr dazu im Kapitel 6 „Datenschutz“.

3.3 Aufgaben

1 Begriff „Bildnis" definieren

Erklären Sie, was im KunstUrhG mit einem „Bildnis" einer Person gemeint ist.

2 Frist für das „Recht am eigenen Bild" kennen

Nennen Sie die Frist, bis zu deren Ablauf man für eine Veröffentlichung die Einwilligung einer abgebildeten Person benötigt.

3 „Absolute Person der Zeitgeschichte" kennen

Erklären Sie, was man unter einer „absoluten Person der Zeitgeschichte" versteht.

4 „Relative Person der Zeitgeschichte" kennen

Erklären Sie, was man unter einer „relativen Person der Zeitgeschichte" versteht.

5 Regelung zu den relativen Personen der Zeitgeschichte kennen

Unter welcher Bedingung dürfen Abbildungen von relativen Personen der Zeitgeschichte ohne Einwilligung veröffentlicht werden?

6 Regelung zu den absoluten Personen der Zeitgeschichte kennen

Nennen Sie die Bedingung, unter der Abbildungen von absoluten Personen der Zeitgeschichte ohne Einwilligung veröffentlicht werden dürfen.

7 Regelung zur Werbung mit absoluten Personen der Zeitgeschichte kennen

Nennen Sie die Bedingung, unter der eine Werbeanzeige eine absolute Person der Zeitgeschichte abbilden darf, ohne die Einwilligung dieser Person.

8 Personen als „Beiwerk" erklären

Erklären Sie, wann Personen auf einem Bild als „Beiwerk" einzustufen sind.

9 „Versammlungen" beschreiben

Erklären Sie, in welchen Fällen es sich um eine „Versammlung" handelt.

10 Regelung zu „Beiwerk" und „Versammlungen" kennen

Beschreiben Sie die Ausnahmen bezogen auf das „Recht am eigenen Bild" bezüglich „Beiwerk" und „Versammlungen".

11 Strafbare Handlungen einordnen

Was ist besonders daran, wenn Fotos einen Verstoß gegen einen Paragrafen aus dem StGB darstellen?

12 Persönlichkeitsrechte anwenden

Erklären Sie, inwiefern Persönlichkeitsrechte dem Erstellen eines Fotos entgegenstehen können.

13 Notwendigkeit einer Einwilligung begründen

Begründen Sie die Notwendigkeit einer Einwilligungserklärung für Fotos mit Personen als zentralem Motiv.

4.1 Einführung

Das Werberecht beschäftigt sich mit den Grenzen erlaubter Werbung. Die Gesetze und Vorschriften des Werberechts schützen die Zielgruppe der Werbung und die Konkurrenz des werbenden Unternehmens. Ein zentrales Gesetz zu diesem Thema ist das „Gesetz gegen den unlauteren Wettbewerb" (UWG). Weitere Vorschriften wie z. B. das Tabakerzeugnisgesetz oder das Heilmittelwerbegesetz regeln Werbung für spezielle Produkte oder Berufsgruppen. In besonderen Fällen kann sich Werbung auch durch die Meinungsfreiheit rechtfertigen, hier zwei Beispiele:

Beispielfall „Lucky Strike"
Lucky Strike hatte in den Jahren 2000 und 2003 auf Werbeanzeigen satirische Werbesprüche zu zwei prominenten Personen verwendet: Prinz Ernst August von Hannover wurde nach tätlichen Angriffen auf einen Kameramann, eine Fotografin und einen Hotelier in dieser Werbeanzeige satirisch thematisiert:

Musikproduzent Dieter Bohlen wurde wegen seines Buchs aufs Korn genommen, das nach Klagen Prominenter mit geschwärzten Passagen erschien:

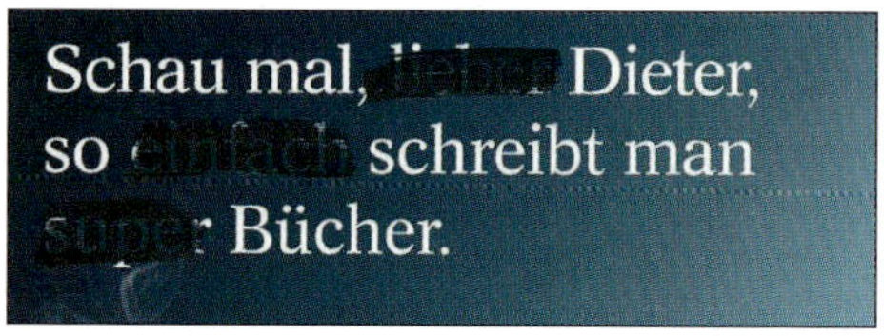

Beide Prominente sahen in den Anzeigen eine Verletzung ihrer Persönlichkeitsrechte. Der EGMR hat jedoch in einem Urteil vom 19.02.2015 (Az. 53495/09) entschieden, dass keine solche Verletzung vorliegt. Die Werbung habe Dieter Bohlen und Prinz Ernst August „weder abwertend noch negativ dargestellt".

Beispielfall „Benetton"
Das Bundesverfassungsgericht hat in einem Beschluss vom 11.03.2003 (Az. 1 BvR 426/02) die hier abgebildete Werbeanzeige der Firma Benetton für zulässig befunden.

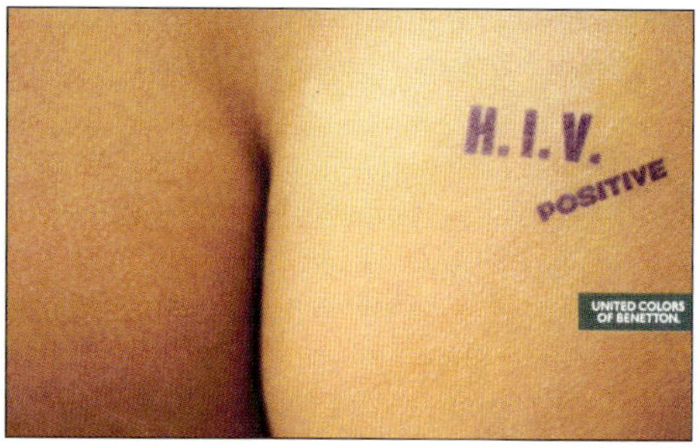

Das BVerfG begründete die Zulässigkeit damit, dass man kommerziellen Werbeanzeigen die Thematisierung von Leid nicht verbieten darf, sonst dürfte ein wesentlicher Teil der Realität nicht thematisiert werden und dies sei nicht mit der Meinungs- und der Pressefreiheit vereinbar.

P. Bühler et al., *Medienrecht*, Bibliothek der Mediengestaltung,
https://doi.org/10.1007/978-3-662-66667-8_4

4.2 Wettbewerbsrecht

4.2.1 Einführung

Zielsetzung des UWG
Das „Gesetz gegen den unlauteren Wettbewerb“ (UWG) „dient dem Schutz der Mitbewerber, der Verbraucherinnen und Verbraucher sowie der sonstigen Marktteilnehmer vor unlauteren geschäftlichen Handlungen. Es schützt zugleich das Interesse der Allgemeinheit an einem unverfälschten Wettbewerb“ (§ 1 UWG).

Begriff „unlauter“
§ 3 UWG legt fest, dass unlautere Handlungen unzulässig sind. Der Begriff „unlauter“ umschreibt dabei Handlungen, die als unfair und betrügerisch gelten. Hierzu gehören auch Verstöße gegen gesetzliche Vorschriften zur Regulierung des Marktverhaltens, durch die Interessen von Marktteilnehmern spürbar beeinträchtigt werden.

Beispielfall „Tap Tags“
Im vorliegenden Fall ging es darum, ob Influencer jeden Beitrag, in dem sie Firmen verlinken, als Werbung kennzeichnen müssen. Die Influencerinnen Cathy Hummels, Leonie Hanne sowie Luisa-Maxime Huss wurden jeweils vom Verband Sozialer Wettbewerb e.V. (VSW) verklagt. Der BGH erläuterte am 09.09.2021 in seinen Urteilen (Az. I ZR 90/20, Az. I ZR 125/20 und Az. I ZR 126/20), dass eine Pflicht zur Kennzeichnung als Werbung nur besteht, wenn Influencer für einen Post eine Geldzahlung vom jeweiligen Unternehmen erhalten, dies war nur bei Luisa-Maxime Huss der Fall.

4.2.2 Zielgruppe

Ein Unternehmen muss geschäftliche Handlungen mit „unternehmerischer Sorgfalt“ vornehmen, wenn diese sich an Verbraucher richten.

Mit „unternehmerischer Sorgfalt“ ist gemeint, dass z. B. Werbung gewissenhaft und sorgfältig geplant werden muss. Wenn also z. B. ein Unternehmen vergisst, einen Zeitraum für die Gültigkeit eines Angebots anzugeben, dann ist dies sowohl unzulässig, wenn der Unternehmer dies bewusst tut (Täuschung), aber auch, wenn er dies „aus Versehen“ tut (Verletzung der unternehmerischen Sorgfalt).

Kinder als Zielgruppe
Werbung darf Kinder nicht direkt dazu auffordern, die beworbene Ware zu erwerben oder die beworbene Dienstleistung in Anspruch zu nehmen. Auch dürfen Kinder nicht dazu veranlasst werden, dass Erwachsene dies stellvertretend für sie tun.

Influencerin Cathy Hummels auf Instagram

Durchschnittlicher Verbraucher
Geschäftliche Handlungen gegenüber Verbrauchern müssen auf den durchschnittlichen Verbraucher der Zielgruppe zugeschnitten sein.

4.2.3 Falsche Angaben

Zu den nach UWG als „unlauter" eingestuften Handlungen zählen auch unwahre Angaben mit dem Ziel, andere Marktteilnehmer zu täuschen.

Produkt
Unzulässig sind falsche Angaben zu z. B. folgenden Produkteigenschaften:

- Art und Ausführung
- Menge
- Beschaffenheit, Zusammensetzung
- Vorteile, Risiken, Zwecktauglichkeit, Verwendungsmöglichkeit
- Heilung von Krankheiten, Funktionsstörungen oder Missbildungen
- Ergebnisse von Tests der Waren oder Dienstleistungen
- Öffentlichen oder privaten Bestätigungen oder Genehmigungen, wie Gütezeichen
- Verkehrsfähigkeit von Waren oder Dienstleistungen

Beispielfall „Mehrfruchtsaft"
Darf der Hersteller „Rotbäckchen" seinen Mehrfruchtsaft als „Lernstark" bezeichnen und angeben, der Saft diene „zur Unterstützung der Konzentrationsfähigkeit"? Der BGH hat im Urteil vom 10.12.2015 (Az. I ZR 222/13) entschieden, dass dies keine unlautere Angabe nach UWG darstellt. Begründet wurde das Urteil damit, dass diese Aussage durch die „Health-Claims-Verordnung" legitimiert sei (Verordnung (EG) Nr. 1924/2006 über nährwert- und gesundheitsbezogene Angaben über Lebensmittel).

Beispielfall „Mobilfunkanbieter"
Der Mobilfunkanbieter Telekom hatte im Jahr 2013 mit der Aussage geworben „Wechseln Sie jetzt ins größte 100 MBit LTE-Netz Deutschlands". Ob diese Aussage irreführend ist, wenn eine Übertragungsrate von 100 MBit unter realistischen Bedingungen nicht erreicht werden kann, musste das OLG Frankfurt a. M. klären. Das Gericht hat in einem Urteil vom 11.07.2016 (Az. 6 U 100/15) entschieden, dass eine Irreführung vorliegt, da die angesprochenen Verbraucher erwarten, dass zumindest durchschnittliche Übertragungsraten von weit über 50 MBit/s erreicht werden und gelegentlich nahezu 100 MBit/s.

Hersteller
Angaben zum Hersteller müssen der Wahrheit entsprechen, hierzu zählen folgende Angaben:

- Verfahren und Zeitpunkt der Herstellung sowie geografische und betriebliche Herkunft
- Person, Eigenschaften und Rechte des Unternehmers (Identität, Vermögen, Befähigungen, Zulassungen, Mitgliedschaften, Auszeichnungen)
- Geschäftsaufgabe und Umzug
- Einhaltung eines Verhaltenskodexes

Marketing und Vertrieb
Auch im Bereich von Marketing und Vertrieb sind Unternehmer zur Wahrheit verpflichtet. Unternehmen müssen zu Verbraucherrechten korrekte Angaben

machen. Unzulässig sind falsche Angaben zu folgenden Punkten:

- Anlass des Verkaufs
- Besondere Preisvorteile
- Preis und die Art und Weise, in der er berechnet wird
- Herabsetzung von Preisen, sofern ein Preis nur für eine unangemessen kurze Zeit gefordert worden ist
- Verfügbarkeit
- Lieferung und Bedingungen, unter denen die Ware geliefert oder die Dienstleistung erbracht wird
- Marktbedingungen oder Bezugsquellen
- Zubehör, Kundendienst und Beschwerdeverfahren
- Notwendigkeit einer Leistung, eines Ersatzteils, eines Austauschs oder einer Reparatur
- Rechte des Verbrauchers, insbesondere solche aufgrund von Garantieversprechen, oder Gewährleistungsrechte bei Leistungsstörungen

4.2.4 Täuschende Angaben

Lockangebote
Waren- oder Dienstleistungen dürfen nur zu einem bestimmten Preis angeboten werden, wenn das Unternehmen die Waren- oder Dienstleistung in angemessener Anzahl verfügbar hat.

Täuschung durch Ähnlichkeit
Weder Werbung noch die Ware selbst dürfen mit Absicht einem anderen Hersteller ähnlich gemacht werden, wenn damit über die wirkliche Herkunft der beworbenen Ware oder Dienstleistung getäuscht werden soll.

Falsches Preisausschreiben
Bei Angeboten zu Wettbewerben oder Preisausschreiben müssen die in Aussicht gestellten Preise oder ein angemessenes Äquivalent auch tatsächlich vergeben werden.

Scheingewinn
Werbung darf nicht den Eindruck erwecken, ein Verbraucher habe einen Preis gewonnen oder einen besonderen Vorteil erlangt, wenn dies nicht der Fall ist oder der Preis oder Vorteil von der Zahlung eines Geldbetrags abhängt.

Scheininformation
Werbung darf nicht als redaktioneller Inhalt getarnt werden, ohne dass sich dieser Zusammenhang aus dem Inhalt oder aus der optischen oder akustischen Darstellung eindeutig ergibt.

Scheinvorteile
Ein Unternehmen darf nicht den unzutreffenden Eindruck erwecken, gesetzlich bestehende Rechte würden eine Besonderheit eines Angebots darstellen.

Schneeballsystem
Unzulässig sind Systeme zur Verkaufsförderung, bei denen von Verbrauchern ein finanzieller Beitrag verlangt wird für die Möglichkeit, durch die Einführung weiterer Teilnehmer in das System eine Vergütung zu erlangen.

Kostenfreiheit
Eine Ware oder Dienstleistung darf nicht als „gratis", „umsonst", „kostenfrei" oder dergleichen angeboten werden, wenn hierfür gleichwohl Kosten zu tragen sind. Ausgenommen sind jedoch unvermeidbare Kosten, z. B. für Abholung oder Lieferung.

Glücksspielchancen
Die Angabe, dass durch Erwerb einer bestimmten Ware oder Dienstleistung höhere Gewinnchancen bei einem Glücksspiel bestehen, ist unzulässig.

Versicherungsleistungen
Unzulässig sind Maßnahmen, die dazu dienen, Verbraucher/-innen daran zu hindern, zu ihrem vertraglichen Recht aus einem Versicherungsverhältnis zu kommen. Hierzu gehören nicht erforderliche Nachweise, aber auch die systematische Nichtbeantwortung von Ansprüchen.

Verschleierung der Geschäftstätigkeit
Eine unzulässige Handlung ist auch, wenn jemand den kommerziellen Zweck einer geschäftlichen Handlung nicht kenntlich macht, sofern sich dieser nicht unmittelbar aus den Umständen ergibt, und das Nichtkenntlichmachen geeignet ist, den Verbraucher zu einer geschäftlichen Entscheidung zu veranlassen, die er andernfalls nicht getroffen hätte.

4.2.5 Fehlende Angaben

Neben falschen Angaben können auch fehlende Angaben als „unlauter" eingestuft werden, da auch fehlende Angaben Markteilnehmer/-innen bei ihrer geschäftlichen Entscheidung beeinflussen können. Nach § 5a UWG zählt als „Irreführung durch Unterlassen", wenn wesentliche Informationen verheimlicht, unklar, unverständlich, zweideutig oder nicht rechtzeitig zur Verfügung gestellt werden. Folgende Informationen gelten hierbei als wesentlich:

- Alle wesentlichen Merkmale der Ware oder Dienstleistung in einem angemessenen Umfang
- Identität und Anschrift des Unternehmers
- Gesamtpreis und ggf. alle zusätzlichen Fracht-, Liefer- und Zustellkosten
- Zahlungs-, Liefer- und Leistungsbedingungen sowie Verfahren zum Umgang mit Beschwerden
- Recht zum Rücktritt oder Widerruf

Beispielfall „Knuspermüsli"
Der BGH hat in einem Urteil am 07.04.2022 (Az.: I ZR 143/19), nach Unklarheit in den Vorinstanzen, entschieden, dass ein Hersteller gegen § 5a Abs. 2 und Abs. 4 UWG verstößt, wenn auf der Vorderseite der Verpackung lediglich der Brennwert einer Portion dargestellt wird, auch wenn auf der Seite der Verpackung die Angaben von 100 g vorhanden sind.

Durch die Portionsangabe (40 g des Produktes mit 60 g Milch) und das Vorenthalten der 100-g-Angabe auf der Vorderseite liegt eine Täuschungshandlung vor.

Beispielfall „Telefontarif"
Das OLG Hamburg hat am 13.04.2016 (Az. 3 W 27/16) entschieden, dass ein Werbebanner für einen Telefontarif, das nur wenige Informationen enthält, nicht irreführend ist, wenn erst durch einen weiterführenden Link nach einem Sternchenhinweis ersichtlich wird, dass der Tarif eine Mindestvertragslaufzeit sowie eine Erhöhung der Grundgebühr im zweiten Vertragsjahr vorsieht.

4.2.6 Werbung unter Druckausübung

Unter anderem verbietet § 4a UWG aggressive geschäftliche Handlungen, die geeignet sind, die Entscheidungsfreiheit von Verbrauchern oder sonstigen Marktteilnehmer/-innen erheblich zu beeinträchtigen.

Marktteilnehmer/-innen werden durch eine solche aggressive geschäftliche Handlung zu einer Entscheidung veranlasst, die diese andernfalls so nicht getroffen hätten.

Psychischer Druck
In der Werbung dürfen keine falschen Angaben über die Art und das Ausmaß von Gefahren für die persönliche Sicherheit des Verbrauchers oder seiner Familie gemacht werden im Zusammenhang mit dem Nichterwerb von Waren oder der Nichtinanspruchnahme einer Dienstleistung.

Ebenso sind die folgenden Formen aggressiver geschäftlicher Handlungen laut UWG unzulässig: Belästigung, Nötigung, körperliche Gewalt und unzulässige Beeinflussung durch Ausnutzung einer Machtposition.

Falscher Zeitdruck
Ein Unternehmen darf nicht behaupten, bestimmte Waren oder Dienstleistungen seien allgemein oder zu bestimmten Bedingungen nur für einen sehr begrenzten Zeitraum verfügbar, wenn dies nicht korrekt ist.

Der bzw. die Verbraucher/-in darf auch nicht zu einer sofortigen geschäftlichen Entscheidung gedrängt werden, ohne dass diese Person Zeit und Gelegenheit hat, sich aufgrund von Informationen zu entscheiden.

Beispielfall „Rabatt für einen Tag"
Eine Werbung mit dem Slogan „Nur heute, 4. Januar, Haushaltsgeräte ohne 19 % Mehrwertsteuer" ist zulässig, auch wenn sie erst am selben Tag veröffentlicht wird, so der BGH in einem Urteil vom 31. März 2010 (Az. I ZR 75/08).

Das LG Stuttgart sowie das OLG Stuttgart waren in den Vorinstanzen der Ansicht, dass es sich um einen unzulässigen Zeitdruck handelt und die Zeit für einen Vergleich von Preisen und technischen Details nicht ausreicht.

Der mündige Verbraucher kann mit Kaufanreizen umgehen und wird keine unüberlegte Kaufentscheidung treffen, selbst wenn er keine Gelegenheit zu einem ausführlichen Preisvergleich hat, so der BGH in seiner Entscheidung.

Räumlicher Druck
Ein Unternehmen darf nicht den Eindruck erwecken, der Verbraucher könne bestimmte Räumlichkeiten nicht ohne vorherigen Vertragsabschluss verlassen.

Bei persönlichem Aufsuchen in der Wohnung muss der Besucher diese verlassen bzw. nicht zu ihr zurückkehren, wenn der Besuchte hierzu auffordert.

4.2.7 Unzumutbare Belästigungen

Laut § 7 UWG sind geschäftliche Handlungen unzulässig, durch die Marktteilnehmer/-innen in unzumutbarer Weise belästigt werden.

Dies gilt besonders dann, wenn Marktteilnehmer/-innen mit Werbung konfrontiert werden, obwohl erkennbar ist, dass die angesprochene Person diese Werbung nicht wünscht.

Unzumutbare Handlungen
Eine unzumutbare Belästigung liegt in den folgenden Fällen vor:

- Verbraucher/-innen werden z. B. per Telefon, Brief, E-Mail hartnäckig gegen seinen Wunsch angesprochen.
- Verbraucher/-innen bekommen ohne deren vorherige ausdrückliche Einwilligung Werbeanrufe.
- Ein anderes Unternehmen bekommt ohne dessen mutmaßliche Einwilligung Werbeanrufe.
- Eine Person wird durch eine automatische Anrufmaschine, ein Faxgerät oder elektronische Post kontaktiert, ohne dass eine vorherige ausdrückliche Einwilligung vorliegt.
- Eine Person erhält Werbung mit einer Nachricht, bei der die Identität des Absenders unklar ist.

Zeitlich begrenzte Werbung

Vergleichende Werbung

Erste Werbung von smart

Zumutbare Handlungen

Zulässig und nicht als belästigende Handlung einzustufen ist die Kontaktaufnahme durch ein Unternehmen, wenn alle folgenden Bedingungen erfüllt sind:

1. Ein Unternehmen hat im Zusammenhang mit dem Verkauf einer Ware oder Dienstleistung von dem Kunden/der Kundin die elektronische Postadresse erhalten.
2. Das Unternehmen verwendet die Adresse zur Direktwerbung für eigene ähnliche Waren oder Dienstleistungen.
3. Der Kunde/die Kundin hat der Verwendung nicht widersprochen.
4. Der Kunde/die Kundin wird bei Erhebung der Adresse und bei jeder Verwendung deutlich darauf hingewiesen, dass er/sie der Verwendung jederzeit widersprechen kann, ohne dass hierfür Kosten entstehen.

Vergleichende Werbung

Zweite Werbung von Volkswagen

Beispielfall „Abwerben von Kunden"

In der Einfahrt eines Konkurrenzunternehmens hatte ein Mitbewerber Werbezettel an potenzielle Kunden des Konkurrenten verteilen lassen. Das Konkurrenzunternehmen verklagte daraufhin den Mitbewerber.

Das OLG Frankfurt a. M. hat in einem Urteil vom 06.10.2016 (Az. 6 U 61/16) entschieden, dass eine unlautere Handlung vorliegt, wenn Kunden sich, wie in diesem Fall, einer Werbeaktion nicht entziehen können. Wenn sich der Werbende zwischen den Mitbewerber und dessen Kunden stellt, um diese durch Übergabe eines Handzettels zu einer Änderung des Kaufentschlusses zu drängen, dann handelt es sich um eine unzumutbare Belästigung.

4.2.8 Vergleichende Werbung

§ 6 UWG befasst sich mit vergleichender Werbung und klärt, wann diese nicht erlaubt ist.

Unzulässig ist vergleichende Werbung in folgenden Fällen:

- Der Vergleich bezieht sich nicht auf Waren oder Dienstleistungen für den gleichen Bedarf oder Bestimmung.
- Der Vergleich bezieht sich nicht objektiv auf wesentliche, relevante, nachprüfbare und typische Eigenschaften oder den Preis.
- Der Vergleich führt im geschäftlichen Verkehr zu einer Gefahr der Verwechslungen zwischen dem Werbenden und einem Mitbewerber oder der angebotenen Waren oder Dienstleistungen oder der verwendeten Kennzeichen.
- Der Vergleich beeinträchtigt den Ruf des von einem Mitbewerber verwendeten Kennzeichens in unlauterer Weise oder nutzt diesen aus.
- Der Vergleich verunglimpft die Waren, Dienstleistungen, Tätigkeiten oder

persönlichen oder geschäftlichen Verhältnisse eines Mitbewerbers oder setzt diese herab.
- Der Vergleich stellt eine Ware oder Dienstleistung als Imitation oder Nachahmung einer unter einem geschützten Kennzeichen vertriebenen Ware oder Dienstleistung dar.

Zulässig ist vergleichende Werbung, wenn sie Produkte „sachlich" vergleicht, ohne diese zu verunglimpfen. Links oben sind zwei Bilder aus einem Werbespot von Smart abgebildet, VW antwortete mit der Printanzeige links unten, die wiederum von Smart mit der Anzeige rechts gekontert wurde.

Vergleichende Werbung
Dritte Werbung von smart

4.2.9 Schutz von Mitbewerbern

Behauptungen
Unzulässig ist, wenn ein Unternehmen einen Mitbewerber herabsetzt oder verunglimpft, bezogen auf seine
- Kennzeichen,
- Waren, Dienstleistungen, Tätigkeiten,
- persönlichen und geschäftlichen Verhältnisse,
- Mitglieder der Unternehmensleitung.

Diesbezüglich sind Behauptungen unzulässig, die geeignet sind, den Betrieb des anderen Unternehmens oder einen Kredit des anderen Unternehmers zu schädigen, sofern die Tatsachen nicht nachweisbar wahr sind.

Waren und Dienstleistungen
Ein Unternehmen darf keine Waren oder Dienstleistungen anbieten, die eine Nachahmung der Waren oder Dienstleistungen eines Mitbewerbers darstellen, wenn es dadurch zu einem der folgenden Fälle kommt:
- Es wurde eine vermeidbare Täuschung über die betriebliche Herkunft herbeigeführt.
- Die für die Nachahmung erforderlichen Kenntnisse oder Unterlagen wurden unredlich erlangt.
- Die Wertschätzung der nachgeahmten Ware oder Dienstleistung wurde unangemessen ausgenutzt oder beeinträchtigt.
- Der Mitbewerber wird gezielt behindert.

Beispielfall „eBay"
Das LG München I hatte am 06.05.2016 (Az. 17 HK O 21868/15) über einen Fall zu entscheiden, bei dem eine Angebotsbeschreibung bei eBay für Antifalten-Gesichtspads den Hinweis „(Keine Frownies)" enthalten hatte. Der konkurrierende Hersteller Frownies sah in dem Hinweis „Keine Frownies" einen Imagetransfer und damit eine Rufausbeutung. Da aber vor Gericht dieser Imagetransfer nicht ausreichend begründet werden konnte und der Hinweis eher abgrenzt als eine Ähnlichkeit herbeiführt, wurde die Klage abgewiesen und der eBay-Händler freigesprochen.

4.3 Werbeeinschränkungen

4.3.1 Tabakerzeugnisgesetz

Laut Tabakerzeugnisgesetz (TabakerzG) ist Werbung für Tabakerzeugnisse (einschließlich elektronischer Zigaretten und Nachfüllbehälter, egal, ob nikotinhaltig oder nicht) in den folgenden Formen laut §§ 19–21 unzulässig:

- Hörfunkwerbung
- Fernsehwerbung
- Werbung in Druckerzeugnissen
- Internetwerbung
- Sponsoring

Für die zulässige Werbung für Tabakerzeugnisse, z. B. auf Plakatwänden, gelten folgende Einschränkungen:

- Es darf nicht der Eindruck erweckt werden, dass der Genuss oder die Verwendung von Tabakerzeugnissen gesundheitlich unbedenklich ist.
- Werbung darf sich nicht speziell an Jugendliche oder Heranwachsende wenden und diese zum Konsum veranlassen oder sie darin bestärken.
- Das Inhalieren von Tabakrauch darf nicht nachahmenswert erscheinen.
- Es darf nicht der Eindruck erweckt werden, dass die Inhaltsstoffe natürlich oder naturrein sind.

4.3.2 Heilmittelwerbegesetz

Das „Gesetz über die Werbung auf dem Gebiete des Heilwesens (Heilmittelwerbegesetz, HWG)" regelt die Zulässigkeit von Werbung für:

- Arzneimittel
- Medizinprodukte
- Operative plastisch-chirurgische Eingriffe, wenn keine medizinische Notwendigkeit besteht
- Mittel, Verfahren und Gegenstände zur Erkennung, Beseitigung oder Linderung von Krankheiten, Leiden, Körperschäden oder krankhaften Beschwerden bei Mensch oder Tier

Jede Werbung für Heilmittel muss u. a. folgende Angaben enthalten:

- Name und Sitz des Unternehmens
- Bezeichnung des Arzneimittels
- Zusammensetzung des Arzneimittels
- Anwendungsgebiete
- Nebenwirkungen

Unzulässig sind folgende Arten von Werbung für Heilmittel (außerhalb von Fachkreisen):

- Angaben oder Darstellungen von bekannten Personen, die zum Arzneimittelverbrauch anregen können
- Werbeaussagen, die nahelegen, dass die Gesundheit durch die Nichtverwendung des Arzneimittels beeinträchtigt oder durch die Verwendung verbessert werden könnte
- Werbemaßnahmen, die sich ausschließlich oder überwiegend an Kinder unter 14 Jahren richten
- Preisausschreiben, Verlosungen oder andere Verfahren, deren Ergebnis vom Zufall abhängig ist, sofern diese Maßnahmen oder Verfahren einer unzweckmäßigen oder übermäßigen Verwendung von Arzneimitteln Vorschub leisten
- Abgabe von Mustern, Proben oder Gutscheinen für Arzneimittel bzw. nicht verlangte Abgabe von Mustern, Proben oder Gutscheinen für andere Mittel oder Gegenstände

Beispielfall „Schönheitsoperationen"
Nach einem Urteil vom OLG Koblenz vom 08.06.2016 (Az. 9 U 1362/15) darf eine Klinik nicht für Schönheitsoperationen werben, indem Fotos von Patientinnen (mit deren Einverständnis) im Internet gezeigt werden, die eine vergleichende Darstellung vor und nach einem plastisch-chirurgischen Eingriff zeigen (Vorher-/Nachher-Bilder).
Der Gesetzgeber will dadurch vor überflüssigen Operationen schützen.

4.4 Weitere Vorgaben

4.4.1 Preisangabenverordnung

Hier ein Auszug der Vorgaben, die nach der Preisangabenverordnung (PAngV) für die Werbung wichtig sind:

- Preise gegenüber Privatverbrauchern müssen einschließlich Umsatzsteuer und sonstiger Preisbestandteile angegeben werden (Gesamtpreise).
- Händler, die ihre Produkte per Fernabsatz verkaufen (z. B. Internet, Telefon), müssen Kosten für Fracht, Lieferung und Versand angeben, falls diese anfallen.
- Alle erforderlichen Angaben müssen leicht erkennbar und deutlich lesbar bzw. gut wahrnehmbar sein.
- Bei der Aufgliederung von Preisen müssen die Gesamtpreise hervorgehoben werden.
- Waren, die in Schaufenstern, Schaukästen, innerhalb oder außerhalb des Verkaufsraumes auf Verkaufsständen oder in sonstiger Weise ausgestellt werden, und Waren, die von Verbrauchern unmittelbar entnommen werden können, müssen durch Preisschilder oder Beschriftung der Ware gekennzeichnet werden.

4.4.2 Buchpreisbindungsgesetz

Zum Schutz des – wie es im Gesetz heißt – „Kulturgutes Buch" sind im Gesetz über die Preisbindung für Bücher (Buchpreisbindungsgesetz) spezielle Vorschriften für Bücher und buchähnliche Erzeugnisse erfasst.

Wer Bücher in Deutschland verlegt oder importiert, ist verpflichtet, für den Verkauf an Endkunden einen Preis einschließlich Umsatzsteuer festzusetzen und in geeigneter Weise zu veröffentlichen. Nur in Ausnahmefällen darf von diesem festgesetzten Preis abgewichen werden, z. B. beim Verkauf an eigene Mitarbeiter einer Buchhandlung oder an Autoren eines Verlages für deren Eigenbedarf.

Preisnachlässe dürfen gewährt werden, wenn eine Beschädigung oder ein sonstiger Fehler vorliegt und eine Kennzeichnung als Mängelexemplar vorgenommen wurde. Auch Mengenrabatte sind möglich, außerdem kann die Preisbindung aufgehoben werden, wenn das erste Erscheinen des Buches länger als 18 Monate zurückliegt.

4.4.3 Freiwillige Selbstkontrolle

Der Deutsche Werberat hat zu verschiedenen Bereichen Verhaltensregeln entwickelt, an die sich die werbenden Unternehmen halten sollen.

Ziel ist es u. a., die Interessen der Verbraucher/-innen über die rechtlichen Vorschriften hinaus effizient zu schützen. Hier einige Beispiele für solche Verhaltensregeln:

- *Alkoholwerbung:*
  „Kommerzielle Kommunikation für alkoholhaltige Getränke soll keine trinkenden oder zum Trinken auffordernde Leistungssportler darstellen."
- *Verkehrsgeräusche:*
  Zur Unfallvermeidung im Straßenverkehr soll in Hörfunkspots auf folgende Geräusche verzichtet werden: „heftige Bremsgeräusche, insbesondere quietschende Reifen, Crash- und Unfallgeräusche, die auf einen Zusammenprall von Kraftfahrzeugen schließen lassen, aggressive Hupgeräusche, Einblendungen von Martinshörnern oder anderen vergleichbaren Tonsignalen."
- *Lebensmittel:*
  „Kommerzielle Kommunikation für Lebensmittel soll einer ausgewogenen, gesunden Ernährung nicht entgegenwirken."

4.5 Aufgaben

1 Ziele des UWG kennen

Erklären Sie die Zielsetzung des Gesetzes gegen den unlauteren Wettbewerb (UWG).

2 Begriff „unlauter" definieren

a. Definieren Sie, was im UWG mit dem Begriff „unlauter" gemeint ist.

b. Nennen Sie drei Bereiche von „unlauteren" geschäftliche Handlungen.

1.

2.

3.

3 UWG anwenden

Entscheiden Sie in den folgenden Fällen, ob die jeweilige Werbung nach UWG zulässig ist oder nicht und begründen Sie Ihre Einschätzungen:

a. „Essen Sie täglich einen Apfel von Bauer X und Sie werden diesen Winter keine Erkältung bekommen!"

☐ zulässig ☐ unzulässig

Begründung:

b. „Bestellen Sie völlig kostenfrei eine Original Zahnbürste der Marke X! (zzgl. 2,99 € Versandkosten)"

☐ zulässig ☐ unzulässig

Begründung:

c. „Nur heute: Schokolade, Marke X, 100 g für nur 49 Cent."

☐ zulässig ☐ unzulässig

Begründung:

d. Verkäuferaussage: „Sie müssen diese Heizdecke kaufen, sonst kann ich Sie nicht gehen lassen."

☐ zulässig ☐ unzulässig

Begründung:

e. „Werden Sie für nur 50 € Mitglied im Club und erhalten Sie für jedes geworbene Mitglied 1 € Prämie."

☐ zulässig ☐ unzulässig

Begründung:

4 Lockangebote definieren

a. Erklären Sie, was man laut UWG unter einem Lockangebot versteht.

b. Nennen Sie drei Beispiele für Lockangebote.

1.

2.

3.

5 Regelungen zu E-Mail-Werbung kennen

Beschreiben Sie, in welchen Fällen einem Verbraucher E-Mail-Werbung zugesendet werden darf.

1.

2.

6 Bedingungen vergleichender Werbung kennen

Erklären Sie, unter welchen Bedingungen vergleichende Werbung zulässig ist.

1.

2.

7 Inhalte der Preisangabenverordnung kennen

Beschreiben Sie die Bedingungen für die Angabe von Preisen, die nach PAngV in einem Online-Shop gelten.

1.

2.

3.

4.

5.1 Markengesetz

Der Schutz durch das Markengesetz (MarkenG) erstreckt sich auf Marken, geschäftliche Bezeichnungen und geografische Herkunftsangaben. Zuständig für den Schutz ist das Deutsche Patent- und Markenamt (DPMA).

5.1.1 Schutzentstehung

Nach dem MarkenG können unternehmensbezogene Unterscheidungsmerkmale bewusst geschützt werden (durch Eintragung) oder auch einen Schutz durch eine gewisse Bekanntheit erlangen (Verkehrsgeltung oder notorische Bekanntheit). Inhaber von eingetragenen und angemeldeten Marken können natürliche und juristische Personen sein oder rechtsfähige Personengesellschaften.

Eintragung
Meist entsteht der Schutz durch das MarkenG durch Eintragung in das Register des Deutschen Patent- und Markenamtes (DPMA). Diese Eintragung ist kostenpflichtig.

Verkehrsgeltung
Der Schutz durch das MarkenG kann aber auch entstehen, wenn ein Markenzeichen im geschäftlichen Verkehr benutzt wird und das Zeichen innerhalb beteiligter Verkehrskreise als Marke „Verkehrsgeltung" erworben hat, also eine gewisse Bekanheit vorliegt.

Notorische Bekanntheit
Ein Markenzeichen genießt auch Schutz durch das MarkenG, wenn im Sinne der „Pariser Verbandsübereinkunft zum Schutz des gewerblichen Eigentums" von einer „notorischen Bekanntheit" der Marke gesprochen werden kann. Eine Marke ist notorisch bekannt, wenn die angesprochenen Verkehrskreise mit ihr sofort ein bestimmtes Produkt oder eine bestimmte Dienstleistung identifizieren, wie z. B. Coca-Cola (koffeinhaltiges Erfrischungsgetränk).

5.1.2 Marken

Nach § 3 MarkenG sind folgende Zeichen als Marke schutzfähig:

- Grafische Zeichen
- Wörter (auch Personennamen)
- Abbildungen
- Buchstaben
- Zahlen
- Hörzeichen

Soweit ein Element dazu geeignet ist, eine Ware, Verpackung oder Dienstleistung von der Konkurrenz zu unterscheiden, sind außerdem schutzfähig:

- Dreidimensionale Gestaltungen
- Formen von Waren/Verpackungen
- Farben und Farbzusammenstellungen

Der Schutz als Marke ist ausgeschlossen, wenn die Form nur durch die Art der Ware bestimmt wird, die Form ausschließlich zur Erreichung einer technischen Wirkung erforderlich ist oder die Form alleine der Ware einen wesentlichen Wert verleiht.

Wortmarke
Eine Wortmarke ist z. B. der Name eines Unternehmens, der zur Kennzeichnung von Waren und Dienstleistungen genutzt wird. Zum Beispiel wurde die dargestellte Wortmarke „Calvin Klein" am 21.08.1997 ins Register des DPMA eingetragen.

Calvin Klein

P. Bühler et al., *Medienrecht*, Bibliothek der Mediengestaltung,
https://doi.org/10.1007/978-3-662-66667-8_5

Wort-Bild-Marke

Eine Wort-Bild-Marke stellt in der Regel eine Kombination aus Wörtern und grafischen Elementen dar.

Im Sinne des MarkenG kann eine Wort-Bild-Marke auch lediglich aus Schrift bestehen, wobei dann nur das Aussehen der Schrift Schutzgegenstand ist. Ein Beispiel: Axel Springer SE hat am 17.02.2016 die folgende Wort-Bild-Marke eintragen lassen:

DIE WELT

Bildmarke

Die Mercedes-Benz AG hat am 03.05.1938 die folgende Abbildung als Bildmarke eintragen lassen:

Farbmarke

Als Farbmarke kann eine charakteristische Farbe geschützt werden, die die Waren und Dienstleistungen eines Unternehmens kennzeichnet.

Am 16.05.2007 wurde von der Deutschen Post AG „Gelb" als Farbmarke eingetragen. In der Beschreibung heißt es: „Die Farbe „Gelb" der Deutschen Post AG ist eine Farbe, die im Wesentlichen der Normfarbe Pantone 116 C oder der Normfarbe HKS 4 entspricht."

Hörmarke

Eine Hörmarke ist eine Tonfolge, die aktustisch einem bestimmten Unternehmen zugeordnet werden kann und damit dessen Waren und/oder Dienstleistungen kennzeichnet.

Hörzeichen sind eintragungsfähig, wenn sie als Noten grafisch dargestellt werden können. Eine der bekanntesten Hörmarken in Deutschland ist sicherlich die hier abgebildete Hörmarke der Deutschen Telekom AG, eingetragen am 25.08.1999:

3D-Marke

Auch ein dreidimensionales Erscheinungsbild kann charakteristisch für ein Unternehmen sein und ist damit geeignet, Waren und Dienstleistungen zu unterscheiden und einem Unternehmen zuzuordnen.

So hat z. B. die Ferrero Deutschland GmbH viele Produkte als 3D-Marken eintragen lassen, wie z. B. Raffaello, Duplo, Überraschungsei, Mon Cheri und bereits am 23.11.1999 die Milchschnitte.

Die Eintragung der Milchschnitte wurde übrigens vom BGH in einem Beschluss vom 25.10.2007 (Az. I ZB 22/04) als zulässig beurteilt.

Das Deutsche Patent- und Markenamt (DPMA)

Zur Recherche von Patenten, Gebrauchsmuster, Marken und Designs: register.dpma.de/DPMAregister/Uebersicht

5.1.3 Geschäftliche Bezeichnungen

Als geschäftliche Bezeichnungen werden nach § 5 MarkenG Unternehmenskennzeichen und Werktitel geschützt.

Ein Unternehmenskennzeichen ist z. B. die Bezeichnung eines Restaurants mit dem Namen „Gasthof Kreuz". Als Werktitel zählen die Bezeichnungen von Druckschriften, Filmwerken, Tonwerken, Bühnenwerken oder sonstigen Werken.

Beispielfall „Schaumstoff"

Ein Unternehmer hatte trotz der eingetragenen Wortmarke „Schaumstoff Lübke" seine Firma „Dieter Lübke Schaumdesign GmbH" genannt. Der Name wurde rein firmenmäßig als Unternehmenskennzeichen genutzt und nicht zu Werbezwecken eingesetzt.

Da in diesem Fall keine Benutzungshandlung im Sinne des Markenschutzes vorliegt, ist die Verwendung als Unternehmensbezeichnung zulässig. Die Verwendung in der Werbung bzw. zur Kennzeichnung von Waren wäre hingegen eine markenmäßige Nutzung, die untersagt werden könnte, wenn dadurch der Eindruck erweckt wird, dass eine Verbindung zu der eingetragenen Marke besteht, so der BGH in einem Urteil vom 12.05.2011 (Az. I ZR 20/10).

5.1.4 Geografische Herkunftsangaben

Schutzgegenstand

Nach § 126 gelten als geografische Herkunftsangaben die Namen von Orten, Gegenden, Gebieten oder Ländern sowie sonstige Angaben oder Zeichen, die im geschäftlichen Verkehr zur Kennzeichnung der geografischen Herkunft von Waren oder Dienstleistungen benutzt werden. Vom Schutz als geografische Herkunftsangaben ausgeschlossen sind Namen, Angaben oder Zeichen, bei denen es sich um Gattungsbezeichnungen handelt. Eine Gattungsbezeichnung liegt vor, wenn die ursprüngliche Bedeutung der geografischen Herkunft verloren ging und die Bezeichnung nun als allgemeiner Name von Waren oder Dienstleistungen verwendet wird oder als Angabe über Art, Beschaffenheit, Sorte oder einer sonstigen Eigenschaft.

Verwendung von geografischen Herkunftsangaben

§ 127 MarkenG regelt, dass geografische Herkunftsangaben nur für Waren oder Dienstleistungen benutzt werden dürfen, die tatsächlich aus dem Ort, der Gegend, dem Gebiet oder dem Land stammen, das durch die geografische Herkunftsangabe bezeichnet wird. Die Benutzung von Namen, Angaben oder Zeichen, die einer geschützten geografischen Herkunftsangabe ähnlich sind, muss dem gleichen Maßstab entsprechen. Wenn eine geografische Herkunftsangabe für besondere Eigenschaften oder eine besondere Qualität steht, so darf diese nur benutzt werden, wenn die Waren oder Dienstleistungen diese Eigenschaften oder diese Qualität auch aufweisen.

Beispielfall „Himalaya-Salz"

Im vorliegenden Fall ging es um Salz, das auf einer Website mit „aus der Region des Himalaya" beworben wurde. Tatsächlich wurde das Salz aber nicht im Himalaya Hochgebirgsmassiv, sondern in der Salt Range, einer Mittelgebirgskette in der pakistanischen Provinz Punjab, abgebaut.

„Himalaya-Salz" muss unmittelbar aus dem Himalaya kommen, so der BGH in einem Urteil vom 31.03.2016 (Az. I ZR 86/13).

5.1.5 Absolute Schutzhindernisse

Von einer Eintragung als Marke ausgeschlossen sind nach § 8 MarkenG Zeichen, die sich nicht grafisch darstellen lassen. Außerdem können Marken auch in den folgenden Fällen nicht eingetragen werden:

- Marken, die nicht zur Unterscheidung von Waren oder Dienstleistungen geeignet sind.
- Marken, die ausschließlich aus Zeichen oder Angaben bestehen, die Waren oder Dienstleistungen sachlich beschreiben. Hierzu gehören z. B. Angaben zu Art, Beschaffenheit, Menge, Bestimmung, Wert, geografische Herkunft, Herstellungszeit.
- Marken, die ausschließlich aus Zeichen oder Angaben bestehen, die im allgemeinen Sprachgebrauch zur Bezeichnung der Waren oder Dienstleistungen üblich sind.
- Marken, die geeignet sind, Personen über Art, Beschaffenheit oder geografische Herkunft von Waren oder Dienstleistungen zu täuschen.
- Marken, die gegen die öffentliche Ordnung oder gegen die guten Sitten verstoßen.
- Marken, die Staatswappen, Staatsflaggen oder andere staatliche Hoheitszeichen oder Wappen eines inländischen Ortes enthalten.
- Marken, die amtliche Prüf- oder Gewährzeichen enthalten, die von der Eintragung als Marke ausgeschlossen sind.
- Marken, die Wappen, Flaggen oder andere Kennzeichen, Siegel oder Bezeichnungen internationaler, zwischenstaatlicher Organisationen enthalten, die von der Eintragung als Marke ausgeschlossen sind.
- Marken, die bösgläubig angemeldet worden sind.

Beispielfall „OUI"
Der BGH hat im Beschluss vom 31.05.2016 (Az. I ZB 39/15) entschieden, dass das Markenwort „OUI" (französisch: „ja") für u. a. Bekleidung und Schmuck genug Unterscheidungskraft besitzt, um als Warenkennzeichnung zu funktionieren. Der Begriff ist nicht ausschließlich als werbliche Anpreisung zu verstehen.

Marke „OUI"

Beispielfall „adidas"
Die adidas AG ist Inhaberin von Bildmarken, die durch drei vertikale, parallel verlaufende Streifen gleicher Breite gebildet werden.

Die Unternehmen Marca Mode, C&A, H&M und Vendex beantragten das Recht, Sport- und Freizeitbekleidung zur Dekoration mit zwei Streifen zu versehen. Die adidas AG sah hier eine Verwechslungsgefahr durch eine mangelnde Unterscheidungskraft.

Der EuGH hat in diesem Fall mit Urteil vom 10.04.2008 (Az. C-102/07) entschieden, dass zwei Streifen nicht gleich drei Streifen sind. Nach Auffassung des EuGH haben die beiden Streifen nur dekorativen Charakter und stellen daher keine Markenverletzung dar.

Marke „adidas"

5.1.6 Relative Schutzhindernisse

Nach § 9 MarkenG können angemeldete oder eingetragene Marken in den folgenden Fällen zur Vermeidung von Verwechslungen auf Antrag gelöscht werden:

- Eine Marke ist identisch oder ähnlich mit einer bereits früher eingetragenen Marke. Die Waren oder Dienstleistungen, für die sie eingetragen worden ist, sind *ebenfalls* identisch oder ähnlich.
- Eine Marke ist identisch oder ähnlich mit einer bereits früher eingetra-

genen Marke. Die Waren oder Dienstleistungen, für die sie eingetragen worden ist, sind sich aber *nicht* ähnlich. Es handelt sich bei der bereits früher eingetragenen Marke aber um eine im Inland bekannte Marke und die Benutzung der neueren Marke nutzt die ältere Marke aus oder beeinträchtigt sie.

Beispielfall „Sparkasse"

Der BGH hatte in einem Beschluss vom 21.07.2016 (Az. I ZB 52/15) darüber zu entscheiden, ob die eingetragene Farbmarke Rot (HKS 13), die der Dachverband der Sparkassen im Bereich der Finanzdienstleistungen verwendet, nicht wegen mangelnder Unterscheidungskraft gelöscht werden muss. Geklagt hatten Vertreter der spanischen Santander-Bankengruppe, die in Deutschland Dienstleistungen im Bereich des Privatkundengeschäfts erbringen und für ihren Marktauftritt ebenfalls die Farbe Rot verwenden (HKS 14). Dies verneinte der BGH.

Beispielfall „B!O und bo"

Verletzt die Wort-Bild-Marke „B!O" der Supermarktkette Penny die Rechte der älteren Marke „bo" der Boquoi Handels OHG („bo frost")? Beide Marken wurden für Waren aus dem Nahrungsmittel- und Getränkebereich eingetragen.

Aufgrund der unüblichen Schreibweise mit Ausrufezeichen nahm der Europäische Gerichtshof in einem Urteil vom 18.02.2016 (Az. T-364/14) an, dass die

Registerauskunft

Registernummer: 30211120 (Marke eingetragen , Stand am: 03.08.2022)

Treffer 1/1 |< < > >| ↩ Recherche ↩ Trefferliste

STAMMDATEN

INID	Kriterium	Feld	Inhalt
	Datenbestand	DB	DE
111	Registernummer	RN	30211120
210	Aktenzeichen	AKZ	302111204
540	Markendarstellung	MD	
550	Markenform	MF	Farbmarke
	Eintragung farbig		Ja
591	Bezeichnung der Farben	FA	rot (HKS 13)
551	Markenkategorie	MK	Kollektivmarke
521	Verkehrsdurchgesetzte Marke	DM	Ja

Markenzeichen

Oben: Wort-Bild-Marke der Sparkasse
Unten: Bildmarke der Santanderbank
Rechts: Registereintrag der Sparkassen-Farbmarke

Penny-Marke nicht als „bio" ausgesprochen werden würde, sondern als „bo" oder „b-o". Damit bestünde sowohl bildlich als auch klanglich eine hohe Ähnlichkeit zwischen den beiden Marken, wodurch eine Markenverletzung vorliegt.

5.1.7 Schutzdauer

Nach § 47 beträgt die Schutzdauer für eine eingetragene Marke ab dem Anmeldetag 10 Jahre und endet zum Monatsende. Die Schutzdauer kann dann um jeweils zehn Jahre verlängert werden. Eine Verlängerung ist beliebig oft möglich. Wenn die Schutzdauer nicht verlängert wird, dann wird die Eintragung der Marke mit Ablauf der Schutzdauer gelöscht. Jede Anmeldung und Verlängerung ist gebührenpflichtig.

5.1.8 Besonderheiten

Handel und Ersatzteile
Nach § 23 MarkenG darf der Inhaber einer Marke oder einer geschäftlichen Bezeichnung einem Dritten nicht verbieten, eingetragene Zeichen als Angabe über Merkmale oder Eigenschaften von Waren oder Dienstleistungen wie Art, Beschaffenheit, Bestimmung, Wert, geografische Herkunft oder Herstellungszeit zu benutzen. Ebenso darf dieser die Marke oder die geschäftliche Bezeichnung als Hinweis auf die Bestimmung einer Ware, insbesondere als Zubehör oder Ersatzteil, oder einer Dienstleistung benutzen, soweit die Benutzung dafür notwendig ist.

Nichtbenutzung
§ 25 MarkenG regelt, dass der Inhaber einer eingetragenen Marke einige Ansprüche gegenüber Dritten nicht geltend machen kann, wenn die Marke innerhalb der letzten fünf Jahre vor der Geltendmachung des Anspruchs für die Waren oder Dienstleistungen, auf die er sich zur Begründung seines Anspruchs beruft, nicht benutzt worden ist, sofern die Marke zu diesem Zeitpunkt seit mindestens fünf Jahren eingetragen war.

Geschäfte mit Marken
Das durch die Eintragung, Benutzung oder notorische Bekanntheit einer Marke begründete Recht kann nach § 27 MarkenG für alle oder für einen Teil der Waren oder Dienstleistungen, für die die Marke Schutz genießt, auf andere übertragen werden oder übergehen.

5.1.9 Schutz im Ausland

Madrider Markenabkommen
Die §§ 108–125 MarkenG regeln den Schutz von Marken nach dem Madrider Markenabkommen (MMA). Das MMA ist ein Abkommen zwischen aktuell 95 Staaten und regionalen Zusammenschlüssen (wie auch die Europäische Gemeinschaft), durch das nationale Marken von einem dieser Staaten auch in den anderen Staaten des Abkommens Schutz genießen können, und somit eine international registrierte (IR) Marke geschaffen werden kann. Das MMA wird von der World Intellectual Property Organization (Weltorganisation für geistiges Eigentum) in Genf verwaltet.

Amt der Europäischen Union für geistiges Eigentum (EUIPO)
Das EUIPO in Alicante (Spanien) erteilt und verwaltet Unionsmarken und Gemeinschaftsgeschmacksmuster. Die Unionsmarke und das Gemeinschaftsgeschmacksmuster gewähren ihrem Inhaber ein in sämtlichen Mitgliedstaaten der Europäischen Union einheitlich geltendes Recht.

5.2 Designgesetz

Der Schutz durch das Designgesetz (DesignG) ersteckt sich auf zwei- oder dreidimensionale Erscheinungsformen von Gegenständen. Zuständig für den Schutz ist das Deutsche Patent- und Markenamt (DPMA).

5.2.1 Begriffe

Design
Im Sinne des DesignG steht der Begriff *Design* für eine zweidimensionale oder dreidimensionale Erscheinungsform eines Erzeugnisses oder Einzelteils. Die Erscheinungsform wird geprägt durch Linien, Konturen, Farben, Gestalt, Oberflächenstrukturen, Werkstoffe und Verzierungen. Bis 2014 wurde diese Erscheinungsform auch als *Geschmacksmuster* bezeichnet.

Erzeugnis
Unter einem *Erzeugnis* wird jeder industrielle oder handwerkliche Gegenstand einschließlich Verpackung, Ausstattung, grafischer Symbole und Schriftzeichen verstanden. Ein Computerprogramm gilt nicht als Erzeugnis im Sinne des DesignG. Als *komplexes Erzeugnis* zählt ein Erzeugnis, wenn es aus mehreren Bauelementen besteht, die sich ersetzen lassen, so dass das Erzeugnis auseinander- und wieder zusammengebaut werden kann.

Bestimmungsgemäße Verwendung
Unter einer bestimmungsgemäßen Verwendung wird die Verwendung durch die Endbenutzer verstanden. Ausgenommen sind Maßnahmen der Instandhaltung, Wartung oder Reparatur.

Rechtsinhaber
Der Rechtsinhaber ist der in das Register eingetragene Inhaber des eingetragenen Designs.

5.2.2 Schutzvoraussetzungen

Nach § 2 DesignG sind die zentralen Voraussetzungen, damit ein Design eingetragen und geschützt werden kann, dass es sich um etwas Neuartiges handeln muss und dass es eine Eigenart besitzt.

Neuartigkeit
Ein Design gilt als neu, wenn vor dem Anmeldetag kein identisches Design der Öffentlichkeit bekannt gemacht, ausgestellt oder verwendet worden ist. Designs gelten als identisch, wenn sich ihre Merkmale nur unwesentlich unterscheiden.

Eigenart
Ein Design hat eine Eigenart, wenn sich der Gesamteindruck, den es bei informierten Benutzern hervorruft, von dem Gesamteindruck unterscheidet, den ein anderes, bereits bekanntes Design bei diesen Benutzern hervorruft. Bei der Beurteilung der Eigenart wird der Grad der Gestaltungsfreiheit des Entwerfers bei der Entwicklung des Designs berücksichtigt.

Neuheitsschonfrist
Nach § 6 DesignG kann ein Design auch eingetragen werden, wenn es vor der Eintragung bereits der Öffentlichkeit bekannt gemacht wurde, dies aber noch keine zwölf Monate zurückliegt.

Ohne diese Neuheitsschonfrist wäre die Eintragung nicht möglich, da das Design keine Neuartigkeit und Eigenart mehr besäße; es würde quasi selbst die eigene Eintragung verhindern.

Beispielfall „Beistelltisch"
Das rechts oben abgebildete eingetragene Design gleicht einem „Backenzahn". Es besteht aus einem massiven

Korpus mit vier Wurzeln. Das Design des Konkurrenzmöbelstücks rechts unten ist eher eine nach unten offene Kiste mit dreieckigen Aussparungen. Liegt dennoch eine Verletzung am eingetragenen Design vor?

Das LG Düsseldorf hat in einem Urteil vom 13.11.2014 (Az. 14c O 207/13) eine ausreichende Ähnlichkeit in der Gesamterscheinung festgestellt und daher verboten, das Konkurrenzprodukt weiter zu vermarkten.

Beispielfall „Handyhüllen"
Das OLG Frankfurt a. M. hat in einem Urteil vom 03.03.2016 (Az. 6 U 34/15) entschieden, dass der Schutzumfang von Designs auch von dem Abstand zum vorbekannten Formenschatz abhängt.

Die extreme Vielzahl an vorhandenen Erscheinungsformen bei Handyhüllen und der geringe Unterschied der Designs zueinander führen dazu, dass der Schutzumfang bei Handyhüllen lediglich auf identische Ausführungen begrenzt ist. Im vorliegenden Fall hatte die Klage aus diesem Grund keinen Erfolg.

Registerauskunft

Designnummer: M9706367-0008 (Design eingetragen, Stand am: 3. August 2022)

Treffer 8/14 |< < > >| ↩ Recherche ↩ Trefferliste

DESIGN-DARSTELLUNGEN

M9706367-0008.1

STAMMDATEN

INID	Kriterium	Feld	Inhalt
19	Datenbestand	DB	DE
	Bestandsart	BA	Aktiv
	Designnummer	DNR	M9706367-0008
21	Aktenzeichen	AKZ	M9706367.3
11	Registernummer	RN	M9706367
	Designzustand	DST	Design eingetrage
	Aufschiebungsstatus	AUF	keine Aufschiebun
22	Anmeldetag	AT	12.07.1997
23	Ausstellungspriorität(en)	PRD PRC APR	13.01.1997 DE Internationale Mö

Möbel
Oben: eingetragenes Design
Unten: ähnliches Möbelstück eines Konkurrenten

5.2.3 Schutzhindernisse

In § 3 DesignG ist der Designschutz in den folgenden Fällen ausgeschlossen:

- Die Erscheinungsmerkmale von Erzeugnissen werden ausschließlich durch deren technische Funktion geprägt.
- Die Erscheinungsmerkmale von Erzeugnissen sind notwendig für eine Verbindung mit anderen Erzeugnissen. Zulässig ist der Schutz von Merkmalen jedoch, wenn diese zum Zusammenbau oder zur Verbindung von austauschbaren Teilen in einem System dienen.
- Ein Design verstößt gegen die öffentliche Ordnung oder gegen die guten Sitten.
- Ein Design beinhaltet Elemente von öffentlichem Interesse wie Wappen, Flaggen, staatliche Hoheitszeichen oder amtliche Prüf- und Gewährzeichen und -stempel („Artikel 6ter" der Pariser Verbandsübereinkunft zum Schutz des gewerblichen Eigentums).
- Die schützbaren Erscheinungsmerkmale eines Bauteils sind nach dem Einbau oder Zusammenbau nicht mehr sichtbar.

5.2.4 Schutzumfang

Nach § 37 DesignG sind diejenigen Merkmale der Erscheinungsform eines eingetragenen Designs Gegenstand des Schutzes, die in der Anmeldung sichtbar wiedergegeben sind.

Das eingetragene Design gewährt nach § 38 DesignG seinem Rechtsinhaber das ausschließliche Recht, es zu benutzen und Dritten diese Benutzung zu verbieten. Zur *Benutzung* zählt die Herstellung, das Anbieten, das Inverkehrbringen, die Einfuhr, die Ausfuhr, und die Verwendung eines Erzeugnisses sowie der Besitz zu den genannten Zwecken.

Der Schutz aus einem eingetragenen Design erstreckt sich auf jedes Design, das bei informierten Benutzern keinen anderen Gesamteindruck erweckt.

Ausnahmen
Nach § 40 DesignG können die Rechte aus einem eingetragenen Design in den folgenden Fällen nicht geltend gemacht werden:

- Wenn das Design im privaten Bereich zu nichtgewerblichen Zwecken genutzt wird.
- Wenn das Design zu Versuchszwecken genutzt wird.
- Wenn das Design als Zitat wiedergegeben wird oder zu Zwecken der Lehre. Voraussetzung ist, dass eine solche Wiedergabe die normale Verwertung des eingetragenen Designs nicht übermäßig beeinträchtigt und die Quelle angegeben wird.
- Wenn das Design in Einrichtungen von Schiffen und Luftfahrzeugen genutzt wird, die im Ausland zugelassen sind und nur vorübergehend in das Inland gelangen. Gleiches gilt für die Einfuhr und Verwendung von Ersatzteilen und Zubehör für die Reparatur von Schiffen und Luftfahrzeugen, die im Ausland zugelassen sind und nur vorübergehend in das Inland gelangen.

Nach § 41 DesignG gilt ein Vorbenutzungsrecht. Demnach dürfen Dritte ein identisches Design verwerten, wenn sie es nachweislich vor dem Anmeldetag bereits im Inland in Benutzung genommen haben, es unabhängig von dem eingetragenen Design entwickelt wurde und sie trotz Bemühungen keine Kenntnis von der Existenz des anderen, identischen Designs hatten.

5.2.5 Inhaber von Schutzrechten

Nach § 7 DesignG steht das Recht auf das eingetragene Design dem Entwerfer oder seinem Rechtsnachfolger zu. Haben mehrere Personen gemeinsam ein Design entworfen, so steht ihnen das Recht auf das eingetragene Design gemeinschaftlich zu.

Wenn ein Arbeitnehmer ein Design in Ausübung seiner Aufgaben oder nach den Weisungen seines Arbeitgebers entwirft, dann steht das Recht an dem eingetragenen Design dem Arbeitgeber zu, sofern vertraglich nichts anderes vereinbart wurde.

Dem bzw. der Entwerfer/-in steht aber in diesem Fall nach § 10 DesignG trotzdem zu, dass er/sie im Verfahren vor dem Deutschen Patent- und Markenamt und im Register als Entwerfer benannt wird. Wenn das Design das Ergebnis einer Gemeinschaftsarbeit ist, kann jede/r einzelne Entwerfer/-in seine Nennung verlangen.

5.2.6 Schutzdauer

Nach § 27 DesignG beträgt die Schutzdauer für eingetragene Designs 25 Jahre, gerechnet ab dem Anmeldetag. Die

Eintragung und die Aufrechterhaltung des Schutzes über die 25 Jahre sind kostenpflichtig.

5.2.7 Schutz im Ausland

Gemeinschaftsgeschmacksmuster
Ein europäischer Schutz von Designs ist als *nicht eingetragene Gemeinschaftsgeschmacksmuster* oder als *eingetragene Gemeinschaftsgeschmacksmuster* möglich, wobei der Schutzumfang bei einer Eintragung größer ist.

Zuständig für die Gemeinschaftsgeschmacksmuster ist das Amt der Europäischen Union für geistiges Eigentum (EUIPO) in Alicante (Spanien). Der Schutz als Gemeinschaftsgeschmacksmuster ist dem Schutz eines Designs nach dem DesignG ähnlich.

Haager Abkommen
Nach dem Haager Musterabkommen (HMA) ist es möglich, ein Design in ein internationales Register eintragen zu lassen und damit internationalen Schutz in den Mitgliedstaaten zu erlangen.

Für welche Länder der Schutz gilt, muss bei der Eintragung vom Antragsteller festgelegt werden. Zuständig für den Schutz nach dem HMA ist das internationale Büro der Weltorganisation für geistiges Eigentum (WIPO).

Beispielfall „Armbanduhren"
Der BGH hat in einem Urteil vom 28.01.2016 (Az. I ZR 40/14) entschieden, dass die Armbanduhr einer Einzelhandelskette das als „internationales Sammelgeschmacksmuster" geschützte Design der Uhr „cK dress" des Unternehmens Calvin Klein verletzt.

In der Begründung heißt es, das Konkurrenzprodukt „übernehme die den Gesamteindruck prägenden Gestaltungsmerkmale des Gehäuses und des Gliederbands identisch oder annähernd. [...] Die unterschiedliche Gestaltung der Schließe trete im Gesamteindruck zurück, weil der informierte Benutzer die Uhr bestimmungsgemäß zum Ablesen der Uhrzeit von der Gehäuse und Zifferblatt zeigenden Seite betrachte und dieser Perspektive eine größere Bedeutung beimesse als der in der Tragesituation nur selten wahrgenommenen Unterseite mit dem Verschluss."

Armbanduhren
Links: Uhr „cK dress" von Calvin Klein
Rechts: ähnliches Konkurrenzprodukt

5.3 Gebrauchsmuster und Patent

Die zwei- oder dreidimensionale Erscheinungsform von Produkten wird durch das Designgesetz geschützt.

Technische Erfindungen, Funktionsweisen und Verfahren hingegen werden als Gebrauchsmuster bzw. Patent geschützt. Patentinhaber können über Gebrauchsmuster und Patente:

- ihre Erfindung selbst verwerten und sich damit eine gute Positionierung am Markt sichern,
- das Gebrauchsmuster/Patent verkaufen,
- das Gebrauchsmuster/Patent vererben,
- das Gebrauchsmuster/Patent als Lizenz übertragen und als Inhaber vom Lizenznehmer
- für das Recht zur Verwertung Lizenzgebühren erhalten.

Durch ein Gebrauchsmuster/Patent geschützte Erzeugnisse und Verfahren dürfen für die private Nutzung oder zur Forschung verwendet werden.

Gebrauchsmuster und Patente sind sich sehr ähnlich, einige Unterschiede gibt es dennoch.

Beispiel für ein Gebrauchsmuster

Darstellung eines Gebrauchsmusters (verschlüsselter USB-Stick mit integrierter physischer Tastatur)

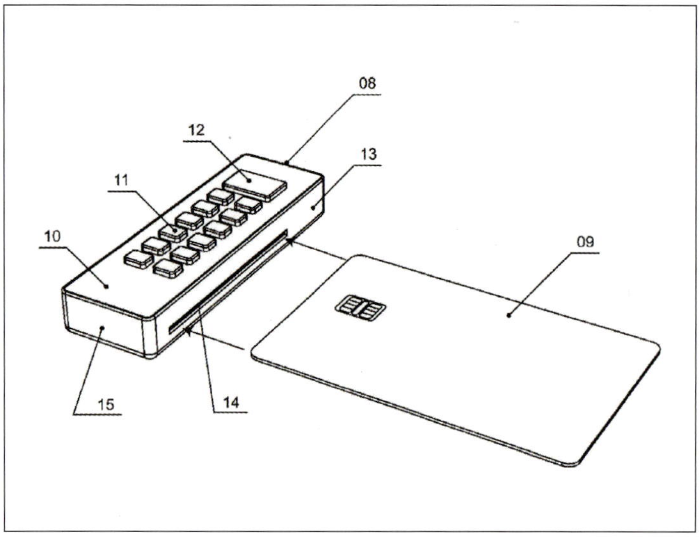

5.3.1 Gebrauchsmuster

Im Gebrauchsmustergesetz (GebrMG) legt § 1 Abs. 1 fest: „Als Gebrauchsmuster werden Erfindungen geschützt, die neu sind, auf einem erfinderischen Schritt beruhen und gewerblich anwendbar sind."

Gegenstand des Schutzes

Als Gebrauchsmuster lassen sich technische Erfindungen schützen. Im Gegensatz zum Patent kann über das Gebrauchsmuster allerdings kein Verfahren geschützt werden.

Schutzbedingungen

Um ein Gebrauchsmuster eintragen lassen zu können, muss etwas „neu" und „gewerblich anwendbar" sein.

Neu ist eine Erfindung, wenn diese bislang noch nicht beschrieben oder benutzt wurde und somit nach aktuellem Stand der Technik noch nicht bekannt ist. Gewerblich anwendbar bedeutet, dass eine Erfindung auf irgendeinem gewerblichen Gebiet einschließlich der Landwirtschaft genutzt werden kann.

Laufzeit

Die maximale Laufzeit beträgt 10 Jahre.

Verfahren

Bei der Anmeldung eines Gebrauchsmusters beim Deutschen Patent- und Markenamt (DPMA) wird weder auf Neuheit, erfinderischen Schritt noch auf gewerbliche Anwendbarkeit geprüft.

Durch Wegfall dieser Recherchen ist der Gebrauchsmusterschutz einfacher, schneller und kostengünstiger zu bekommen als ein Patentschutz. Allerdings werden Eintragungen eines Gebrauchsmusters häufig angegriffen. Dann wird nachträglich geprüft, ob die sachlichen Voraussetzungen für einen wirksamen Gebrauchsmusterschutz gegeben sind. Falls dies nicht der Fall ist, wird die Eintragung gelöscht. Zur Reduzierung dieser Gefahr kann vor der Antragstellung beim DPMA gegen Gebühr eine freiwillige Recherche beauftragt werden.

Kosten
- Anmeldung mit Schutz für die ersten 3 Jahre: 40 €
- Verlängerung: von jährlich 210 € für das 4. – 6. Jahr, bis jährlich 530 € für das 9. – 10. Jahr
- Freiwillige Recherche: 250 €

Gültigkeit des Schutzes
Für Gebrauchsmuster gilt das „Territorialitätsprinzip", das bedeutet, dass der Schutz in dem Land gilt, für das der Schutz erteilt wird.

5.3.2 Patent

In Patentgesetz (PatG) § 1 Abs. 1 ist festgeschrieben: „Patente werden für Erfindungen auf allen Gebieten der Technik erteilt, sofern sie neu sind, auf einer erfinderischen Tätigkeit beruhen und gewerblich anwendbar sind."

Gegenstand des Schutzes
Als Gebrauchsmuster lassen sich nur technische Erfindungen schützen. Im Gegensatz dazu können mit einem Patent auch Verfahren geschützt werden, dadurch lassen sich auch z. B. chemische Erzeugnisse schützen.

Schutzbedingungen
Um ein Patent eintragen lassen zu können, muss etwas „neu" und „gewerblich anwendbar" sein.

Neu ist eine Erfindung oder ein Verfahren, wenn sie/es bislang noch nicht beschrieben oder benutzt wurde und somit nach aktuellem Stand der Technik noch nicht bekannt ist. Gewerblich anwendbar bedeutet, dass eine Erfindung auf irgendeinem gewerblichen Gebiet einschließlich der Landwirtschaft genutzt werden kann.

Laufzeit
Die maximale Laufzeit beträgt 20 Jahre.

Verfahren
Patente werden vor der Anmeldung vom Deutschen Patent- und Markenamt (DPMA) geprüft. Daher sind Patente – im Gegensatz zu Gebrauchsmustern – nicht so leicht anfechtbar.

Kosten
- Prüfung durch Deutsches Patent- und Markenamt: 350 €
- Schutz für die ersten 2 Jahre: 60 €
- Verlängerung: von jährlich 70 € bis jährlich 1.940 € (Mit vorschreitenden Jahren wird die Verlängerungsgebühr immer höher.)

Gültigkeit des Schutzes
Für Patente gilt das „Territorialitätsprinzip", der Schutz gilt also in dem Land, für das der Schutz erteilt wird.

Deutsche Patent- und Markenamt (DPMA)
Zur Recherche von Patenten, Gebrauchsmustern, Marken und Designs: register.dpma.de/DPMAregister/Uebersicht

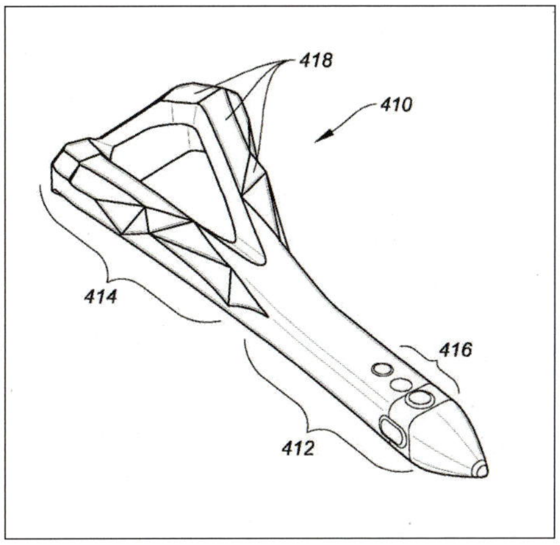

Beispiel für ein Patent
Darstellung eines Patents (Eingabevorrichtung zur Verwendung in einer erweiterten/virtuellen Realitätumgebung)

5.4 Aufgaben

1 Schutzentstehung bei Marken kennen

Nennen Sie die drei Möglichkeiten, wie Schutz nach dem MarkenG entstehen kann.

1.

2.

3.

2 Notorische Bekanntheit erklären

Erklären Sie, worum es sich bei der „notorischen Bekannheit" nach dem MarkenG handelt.

3 Schützbare Marken kennen

Nennen Sie die nach dem MarkenG schutzfähigen Markenarten.

1.

2.

3.

4.

5.

6.

4 Geografische Herkunftsangaben korrekt verwenden

Beschreiben Sie, unter welchen Bedingungen geografische Herkunftsangaben nach dem MarkenG verwendet werden dürfen.

1.

2.

5 Absolute Schutzhindernisse kennen

Nennen Sie drei absolute Schutzhindernisse nach dem MarkenG.

1.

2.

3.

6 Relative Schutzhindernisse kennen

Beschreiben Sie die relativen Schutzhindernisse nach dem MarkenG.

7 Schutzdauer nach dem MarkenG kennen

Nennen Sie die Möglichkeiten bezüglich der Schutzdauer nach dem MarkenG.

8 Schützbares Design erklären

Erklären Sie, was unter einem „Design“ nach dem DesignG verstanden wird.

9 Schutzvoraussetzungen kennen

Beschreiben Sie, was unter den beiden Schutzvoraussetzungen zu verstehen ist.

Neuartigkeit:

Eigenart:

10 Schutzhindernisse kennen

Nennen Sie drei Schutzhindernisse nach dem DesignG.

1.

2.

3.

11 Schutzdauer nach dem DesignG kennen

Nennen Sie die Schutzdauer nach dem DesignG.

12 Unterschiede zwischen Gebrauchsmuster und Patent kennen

Nennen Sie zwei Unterschiede zwischen Gebrauchsmuster und Patent.

6.1 DSGVO

6.1.1 Einführung

Geltungsbereich
Die DSGVO ist seit dem 27. April 2016 in Kraft. Seitdem gilt die europäische Datenschutz-Grundverordnung vorrangig vor den deutschen Gesetzen.

Zielsetzung
Nach Art. 1 Abs. 2 DSGVO gilt: „Diese Verordnung schützt die Grundrechte und Grundfreiheiten natürlicher Personen und insbesondere deren Recht auf Schutz personenbezogener Daten."

Im Umkehrschluss betrifft diese Verordnung keine Daten von Unternehmen, da es sich dabei um „juristische Personen" handelt. Ausgenommen sind auch verstorbene Menschen.

6.1.2 Personenbezogene Daten

„Personenbezogene Daten" sind alle Informationen, die sich auf eine identifizierte oder identifizierbare natürliche Person beziehen. „Identifiziert" bedeutet, dass eine Information direkt mit einem Namen verknüpft ist. „Identifizierbar" bedeutet, dass eine Information einer Person zugeordnet werden kann, indem z. B. eine weitere Datenquelle genutzt wird.

So kann z. B. ein Auto erst dadurch einer Person zugeordnet werden, wenn über das Kennzeichen der Fahrzeughalter recherchiert wurde. Beispiele für personenbezogene Daten sind:

- Physische Informationen (z. B. Alter, Größe, Behinderungen)
- Physiologische Informationen (z. B. Gewohnheiten oder Bedürfnisse bzgl. Ernährung, Schlaf, Sexualität etc.)
- Genetische Informationen (z. B. ererbte oder erworbene genetische Eigenschaften)
- Psychische Informationen (z. B. Angaben über psychische Erkrankungen)
- Wirtschaftliche Informationen (z. B. Einkommen, Vermögen, Ausgaben)
- Kulturelle Informationen (z. B. Sprachkenntnisse, Religionszugehörigkeit, Nationalität, Wertvorstellungen, Sitten und Gebräuche)
- Sozialen Informationen (z. B. Geschlecht, Alter, Bildung, Migrationshintergrund, Familienstand)
- Biometrische Informationen (z. B. Gesicht, Fingerabdruck)

P. Bühler et al., *Medienrecht*, Bibliothek der Mediengestaltung,
https://doi.org/10.1007/978-3-662-66667-8_6

6.1.3 Anwendung

Personenbezogene Daten sind immer dann durch die DSGVO geschützt, wenn die Datenerfassung und Speicherung nicht ausschließlich der Ausübung persönlicher oder familiärer Tätigkeiten dient, wenn also in irgendeiner Weise die Öffentlichkeit mit im Spiel ist.

Hier ist die DSGVO zu beachten:

- Ein Mann fotografiert Passanten in einer Fußgängerzone. Die Gesichter der Passanten sind erkennbar, Motiv der Fotos sind die Passanten und keine touristischen Attraktionen.
- Ein Fußballverein fertigt eine Liste der Jugendmannschaft an, die die Namen und das Alter der Mannschaftsmitglieder beinhaltet.
- In einem Supermarkt wird eine Überwachungskamera im Kassenbereich installiert.
- An einer Schule werden Schülerinnen und Schüler fotografiert.

Hier muss die DSGVO nicht beachtet werden:

- Eine Mutter fotografiert ihre Kinder vor dem Brandenburger Tor. Im Hintergrund sind Touristen identifizierbar abgebildet. Das Foto wird nicht veröffentlicht.
- Ein Mann speichert die Telefonnummern und Geburtstage seiner Verwandschaft in einem Smartphone ab.

Hierarchie der Gesetze

DSGVO, BDSG, KunstUrhG, StGB, GG, was gilt denn nun?

Durch die Einführung der DSGVO wurden keine anderen Gesetze ungültig, dennoch haben manche Gesetze an Bedeutung verloren. Außerdem gilt für die DSGVO „Anwendungsvorrang" vor nationalen Gesetzen. Wenn also nationale Gesetze weniger streng sind, dann gelten die Regelungen der DSGVO, nur wenn diese nicht anwendwar ist, dann greifen weiterhin die nationalen Gesetze, wie z. B. das KunstUrhG.

Somit haben insbesondere das BDSG und das KunstUrhG merklich an Bedeutung verloren. Bedeutungslos sind sie jedoch nicht geworden.

Digitale Datenverarbeitung

Die DSGVO gilt „für die ganz oder teilweise automatisierte Verarbeitung personenbezogener Daten sowie für die nichtautomatisierte Verarbeitung personenbezogener Daten, die in einem Dateisystem gespeichert sind oder gespeichert werden sollen" (Art. 2 Abs. 1 DSGVO). Wenn also Mitarbeiterdaten auf Papierkärtchen notiert werden und auf der Betriebsfeier ausschließlich analog fotografiert wird, dann muss die DSGVO nicht beachtet werden.

Also gilt die DSGVO bezogen auf die Art der Datenerfassung fast immer, da heute fast keine Information mehr auf Papier festgehalten wird und auch Analogkameras nur noch sehr selten im Einsatz sind.

6.1.4 Datenerhebung ohne Einwilligung

Nach Art 6 Abs. 1b DSGVO ist eine Einwilligung nicht notwendig, wenn gilt: „Verarbeitung ist für die Erfüllung eines Vertrags, dessen Vertragspartei die betroffene Person ist, oder zur Durchführung vorvertraglicher Maßnahmen erforderlich, die auf Anfrage der betroffenen Person erfolgen." Weitere Fälle, in denen keine Einwilligung nötig ist:

- Es besteht eine rechtliche Verpflichtung zur Verarbeitung.
- Die Verarbeitung liegt im öffentlichen Interesse.

- Die „Verarbeitung ist zur Wahrung der berechtigten Interessen des Verantwortlichen oder eines Dritten erforderlich, sofern nicht die Interessen oder Grundrechte und Grundfreiheiten der betroffenen Person, die den Schutz personenbezogener Daten erfordern, überwiegen, insbesondere dann, wenn es sich bei der betroffenen Person um ein Kind handelt".
- Die Verarbeitung personenbezogener Daten aus öffentlichen Quellen ist nach einer Interessenabwägung zulässig.

Bei folgenden Daten ist eine Verwendung ohne Einwilligung nur zulässig, wenn eine Notwendigkeit aufgrund von Arbeitsrecht und dem Recht der sozialen Sicherheit und des Sozialschutzes besteht oder wenn die personenbezogenen Daten durch die betroffene Person öffentlich gemacht wurden und eine Interessenabwägung vorgenommen wurde:

- Rassische und ethnische Herkunft
- Politische Meinungen
- Religiöse oder weltanschauliche Überzeugungen
- Gewerkschaftszugehörigkeit
- Genetische Daten
- Biometrische Daten
- Gesundheitsdaten
- Daten zum Sexualleben oder zur sexuellen Orientierung

Schriftliche Einwilligung

6.1.5 Datenerhebung mit Einwilligung

Mit Einwilligung ist die Verwendung personenbezogener Daten zulässig, wenn die „betroffene Person [...] ihre Einwilligung zu der Verarbeitung der sie betreffenden personenbezogenen Daten für einen oder mehrere bestimmte Zwecke gegeben" hat (Art. 6 Abs. 1 a DSGVO).

Nachweispflicht

Gemäß Art. 7 Abs. 1 DSGVO „muss der Verantwortliche nachweisen können, dass die betroffene Person in die Verarbeitung ihrer personenbezogenen Daten eingewilligt hat".

Widerrufsrecht

„Die betroffene Person hat das Recht, ihre Einwilligung jederzeit zu widerrufen." Auf dieses Recht muss bei der Einwilligung hingewiesen werden. „Der Widerruf der Einwilligung muss so einfach wie die Erteilung der Einwilligung sein" (Art. 7 Abs. 3 DSGVO).

Kinder und Jugendliche

Laut Art. 8 Abs. 1 DSGVO dürfen Jugendliche ab 16 Jahren selbst Entscheidungen zu personenbezogenen Daten treffen. So ist die Verarbeitung der personenbezogenen Daten des Kindes rechtmäßig, wenn das Kind das sechzehnte Lebensjahr vollendet hat. Hat das Kind noch nicht das sechzehnte Lebensjahr vollendet, so ist diese Verarbeitung nur rechtmäßig, sofern und soweit diese Einwilligung durch den Träger der elterlichen Verantwortung für das Kind oder mit dessen Zustimmung erteilt wird.

Die Mitgliedstaaten können durch Rechtsvorschriften zu diesen Zwecken eine niedrigere Altersgrenze vorsehen, die jedoch nicht unter dem vollendeten dreizehnten Lebensjahr liegen darf."

Da in Deutschland keine abweichende Altersgrenze festgelegt wurde, gilt die Grenze von 16 Jahren.

6.1.6 Informationspflicht und Auskunftsrecht

Informationspflicht

Wenn personenbezogene Daten bei der betroffenen Person erhoben werden, dann muss der Verantwortliche der betroffenen Person zum Zeitpunkt der Erhebung folgende Informationen mitteilen:

- Name und Kontaktdaten des Verantwortlichen
- Gegebenenfalls Name und Kontaktdaten des Datenschutzbeauftragten
- Zwecke, für die die personenbezogenen Daten verarbeitet werden sollen, sowie Rechtsgrundlage für die Verarbeitung
- Gegebenenfalls Empfänger der personenbezogenen Daten
- Gegebenenfalls Absicht des Verantwortlichen, die personenbezogenen Daten an ein Drittland oder eine internationale Organisation zu übermitteln
- Dauer, für die die personenbezogenen Daten gespeichert werden
- Recht auf Auskunft, Berichtigung, Löschung oder Einschränkung der Verarbeitung
- Widerspruchsrecht gegen die Verarbeitung und Datenübertragbarkeit
- Beschwerderecht bei einer Aufsichtsbehörde
- Mitteilung, ob die Bereitstellung der personenbezogenen Daten gesetzlich oder vertraglich vorgeschrieben oder für einen Vertragsabschluss erforderlich ist, ob die betroffene Person verpflichtet ist, die personenbezogenen Daten bereitzustellen, und welche mögliche Folgen die Nichtbereitstellung hätte.
- Gegebenfalls Information über das Bestehen einer automatisierten Entscheidungsfindung einschließlich Profiling gemäß Artikel 22 Abs. 1 und 4 und – zumindest in diesen Fällen – aussagekräftige Informationen über die involvierte Logik sowie die Tragweite und die angestrebten Auswirkungen einer derartigen Verarbeitung für die betroffene Person

Auskunftsrecht

Art. 12 Abs. 1 DSGVO besagt: „Der Verantwortliche trifft geeignete Maßnahmen, um der betroffenen Person alle Informationen […] und alle Mitteilungen […], die sich auf die Verarbeitung beziehen, in präziser, transparenter, verständlicher und leicht zugänglicher Form in einer klaren und einfachen Sprache zu übermitteln; dies gilt insbesondere für Informationen, die sich speziell an Kinder richten.

Die Übermittlung der Informationen erfolgt schriftlich oder in anderer Form, gegebenenfalls auch elektronisch. Falls von der betroffenen Person verlangt, kann die Information mündlich erteilt werden, sofern die Identität der betroffenen Person in anderer Form nachgewiesen wurde."

Die Auskunft muss laut Abs. 3 innerhalb eines Monats nach Eingang des Antrags zur Verfügung gestellt werden. Unter Umständen kann eine Fristverlängerung um zwei Monate erfolgen, wenn eine besondere Komplexität oder eine hohe Anzahl von Anträgen vorhanden ist. Die Auskunft muss in der Regel unentgeltlich erfolgen.

6.1.7 Umgang mit personenbezogenen Daten

Wichtig ist, dass die DSGVO bereits bei der Datenerhebung zu beachten ist. Während viele Gesetze, wie das UrhG oder das KunstUrhG sich nur mit Veröffentlichungen beschäftigen, kann nach DSGVO bereits die Datenerfassung strafbar sein.

Nach Art. 5 Abs. 1 DSGVO muss die Datenverarbeitung in nachvollziehbarer Weise erfolgen, es darf keine Zweckentfremdung vorgenommen werden. Personenbezogene Daten dürfen nur gemäß der Vereinbarung und nur so lange wie zwingend erforderlich verwendet werden.

Sicherheit
Personenbezogene Daten müssen vor unbefugter oder unrechtmäßiger Verarbeitung und vor unbeabsichtigtem Verlust, unbeabsichtigter Zerstörung oder unbeabsichtigter Schädigung durch geeignete technische und organisatorische Maßnahmen geschützt werden (Art. 5 Abs. 2 DSGVO). Weiter gilt: „Der Verantwortliche ist für die Einhaltung [...] verantwortlich und muss dessen Einhaltung nachweisen können."

Datenminimierung
Beim Umgang mit personenbezogenen Daten gilt nach Art. 5 Abs. 1c DSGVO das Prinzip der „Datenminimierung":

- Es sollen so wenig personenbezogene Daten wie möglich erhoben, verarbeitet und genutzt werden.
- Die Speicherdauer muss so kurz wie möglich sein.
- Die Daten dürfen nur berechtigten Personen zugänglich gemacht werden.
- Personenbezogene Daten müssen anonymisiert oder pseudonymisiert werden, soweit dies möglich ist und keinen im Verhältnis zu dem Schutzzweck unverhältnismäßigen Aufwand erfordert.

Anonymisierung durch Verpixeln

Anonymisierung von Daten
Unter „Anonymisieren" wird das Verändern personenbezogener Daten verstanden, wodurch die Einzelangaben über persönliche oder sachliche Verhältnisse nicht mehr oder nur mit einem unverhältnismäßig großen Aufwand an Zeit, Kosten und Arbeitskraft einer bestimmten oder bestimmbaren natürlichen Person zugeordnet werden können.

Pseudonymisierung von Daten
Unter „Pseudonymisieren" wird das Ersetzen des Namens und anderer Identifikationsmerkmale durch ein Kennzeichen verstanden, mit dem Zweck, die Bestimmung des Betroffenen auszuschließen oder wesentlich zu erschweren.

6.1.8 Gerichte und Strafen

Zuständige Gerichte
Gerichtsverfahren gegen Bußgeldbescheide wegen DSGVO-Verstößen landen meist vor der „ordentlichen Gerichtsbarkeit" oder vor dem EUGH.

Beträgt die Bußgeldhöhe bis 100.000 €, wird das Verfahren in erster Instanz vor dem Amtsgericht durchgeführt. Übersteigt die Geldbuße den Betrag von 100.000 €, ist gleich zu Beginn das Landgericht das sachlich zuständige Gericht. Verwaltungsgerichte werden herangezogen, wenn unklar ist, ob ein Verstoß gemäß DSGVO vorliegt. Arbeitsgerichte sind zuständig, wenn die Datenschutzangelegenheit den Arbeitsplatz betrifft, Sozialgerichte, wenn Sozialversicherungen betroffen sind.

Strafen
Werden Geldbußen Personen auferlegt, bei denen es sich nicht um Unternehmen handelt, so muss bei der Erwägung des angemessenen Betrags für die Geldbuße dem allgemeinen Einkommensniveau in dem betreffenden Mitgliedstaat und der wirtschaftlichen Lage der Personen Rechnung getragen werden. Verstöße gegen die Regelungen der DSGVO können nach Art. 83 Abs. 5 a DSGVO ein Bußgeld von bis zu 20 Mio. € oder 4 % des gesamten weltweit erzielten Jahresumsatzes des vorangegangenen Geschäftsjahres nach sich ziehen.

6.2 Abwägungsprinzip

Abwägungsprinzip

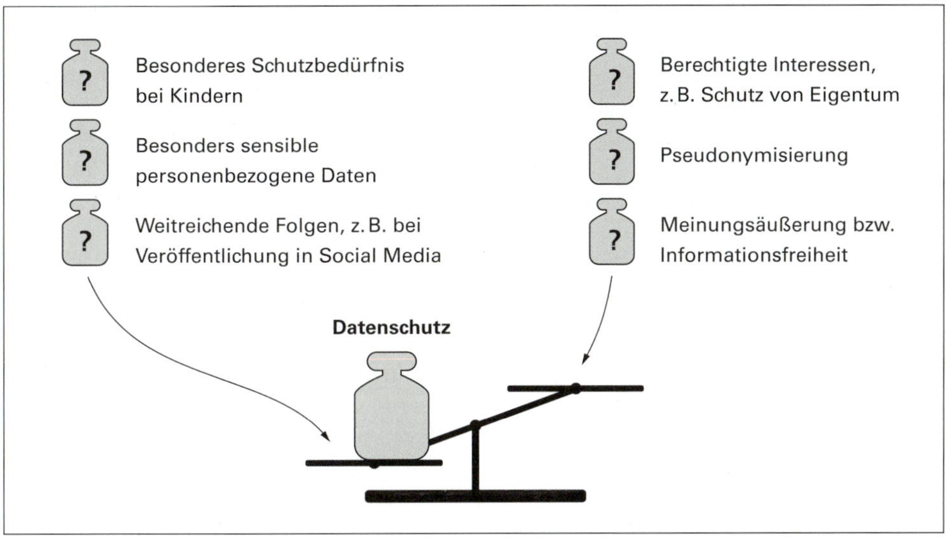

Nicht selten kommt es vor, dass es Interessenkonflikte gibt.

Nehmen wir das Beispiel einer Überwachungskamera. Einerseits haben die Personen, die durchs Kamerabild laufen, ein Recht auf den Schutz ihrer personenbezogenen Daten. Andererseits hat derjenige, der die Kamera installiert hat, ein Recht darauf, sein Eigentum beispielsweise vor Vandalismus zu schützen. In diesem Fall muss eine Interessenabwägung erfolgen. Außerdem muss geprüft werden, in wieweit die Erfassung von personenbezogenen Daten minimiert werden kann, indem man z. B. den Kamerawinkel verändert.

Es wäre falsch, Überwachungskameras generell zu verbieten, personenbezogene Daten dürfen aber auch nicht bedenkenlos gesammelt werden.

Pro Datenschutz

- Personenbezogene Daten zu Kindern werden als besonders schützenswert angesehen.
- Manche personenbezogene Daten sind geeignet, Personen bei Bekanntwerden stark zu schaden, daher muss mit diesen Informationen besonders sorgsam umgegangen werden.
- Nicht jede Verwendung/Speicherung/Veröffentlichung ist gleich. Eine Veröffentlichung von personenbezogenen Daten in Social Media bedeutet einen besonders schweren Eingriff.

Pro Datenerhebung

- Um Diebstahl, Vandalismus oder Gefahr für Leib und Leben abzuwenden, kann es mitunter notwendig und erlaubt sein, Überwachungskameras auch in öffentlich zugänglichen Bereichen einzusetzen.
- Nutzerdaten zu sammeln ist für das Marketing sehr wichtig, geschieht dies pseudonymisiert, so ist es in vielen Fällen erlaubt.
- Journalismus lebt von Informationen und auch von personenbezogenen Daten, die auch, wenn keine berechtigten Interessen dagegen sprechen und der Eingriff in die Persönlichkeitsrechte nicht zu groß ist, verwendet werden dürfen.

Foto-/Videobeobachtung

6.3 DSGVO und Fotografie

Abbild einer Person

6.3.1 Abbild einer Person

Eine für die Fotografie bedeutende Frage bei der Einführung der DSGVO war, ob es sich bei der Abbildung einer Person auch ohne Namensnennung bereits um personenbezogene Daten handelt.

Artikel 4 Abs. 14 stellt klar, dass „Gesichtsbilder“ zu den biometrischen und damit unter den Datenschutz fallenden Daten zählen. In einem Urteil des EuGH, vom 11.12.2014 (Az. C-212/13, 22) wurde dementsprechend unter anderem entschieden: „Das von einer Kamera aufgezeichnete Bild einer Person fällt daher unter den Begriff der personenbezogenen Daten [...] sofern es die Identifikation der betroffenen Person ermöglicht.“

Zur Identifierbarkeit hat das OVG Lüneburg am 19.01.2021 (Az. 11 LA 16/20) in einem Beschluss wie folgt entschieden: „Auf dem streitgegenständlichen Foto können die Eheleute F. insbesondere aufgrund der Zuordnung ihrer Gesichter, bei Frau F. auch aufgrund ihrer Statur, identifiziert werden.“ Hierzu genügte dem Gericht die Tatsache, dass Personen aus dem Bekanntenkreis die Kläger auf dem streitgegenständlichen Foto identifizieren konnten.

Charakteristische Gegenstände

6.3.2 Personenbezogene Daten in Fotos

Neben dem Abbild einer Person gibt es noch weitere personenbezogene Daten, die beim Fotografieren – im nicht rein privaten Umfeld – besondere Aufmerksamkeit verlangen. Hier einige Beispiele:

Autokennzeichen
Da ein Autokennzeichen mit Hilfe einer Datenbank (Halterabfrage) ohne großen Aufwand einer Person zugeordnet werden kann, handelt es sich eindeutig um personenbezogene Daten. In diesem Fall ist stets eine Verpixelung vorzunehmen.

Charakteristische Gegenstände
Unterschiedliche Ansichten gibt es dazu, ob ein Foto von einem Gegenstand unter Umständen auch personenbezogene Daten enthalten kann.

Bei heutigen Digitalfotos werden stets Metadaten mitgespeichert, d. h. Zeitpunkt der Aufnahme, oft auch der Ort, an dem das Bild entstanden ist.

Betrachten wir das links abgebildete Foto von einem mit Aufklebern beklebten Laptop. Sicherlich gibt es einige Personen, die diesen Laptop eindeutig einer Person zuordnen können. Naheliegend ist auch, dass die Person sich zum gleichen Zeitpunkt am gleichen Ort befunden hat. Laut DSGVO sind personenbezogene Daten „alle Informationen, die sich auf eine identifizierte oder identifizierbare natürliche Person (im Folgenden „betroffene Person") beziehen" (Art. 4 Abs. 1 DSGVO), also ist es durchaus möglich, dass auch für solche Gegenstände die DSGVO gilt.

Dokumente
Werden Fotos von Dokumenten gemacht werden, die personenbezogene Daten enthalten (z. B. Urkunden, Namensschilder etc.), dann ist die DSGVO zu beachten.

6.3.3 Journalismus

Öffnungsklausel
Die DSGVO sieht folgende „Öffnungsklausel" vor: „Für die Verarbeitung, die zu journalistischen Zwecken oder zu wissenschaftlichen, künstlerischen oder literarischen Zwecken erfolgt, sehen die Mitgliedstaaten Abweichungen oder Ausnahmen [...] vor, wenn dies erforderlich ist, um das Recht auf Schutz der personenbezogenen Daten mit der Freiheit der Meinungsäußerung und der Informationsfreiheit in Einklang zu bringen". (Art. 85 Abs. 2 DSGVO).

Nach Urteil des BGH vom 07.07.2020 (Az. VI ZR 246/19) findet das KunstUrhG aufgrund Artikel 85 Abs. 2 im journalistischen Bereich weiterhin Anwendung.

Aktuell bleibt ungeklärt, inwieweit diese Öffnungsklausel auch auf Veranstaltungsfotos, z. B. im Bereich einer dokumentierenden – nicht vorwiegend werblichen – Öffentlichkeitarbeit anwendbar ist.

Beispielfall „Facebook Fanpage"
Ein gutes Beispiel dafür, wann Journalismus aufhört und Werbung beginnt, zeigt das Urteil des OVG Lüneburg vom 19.01.2021. Ein Politiker hatte ein Foto mit identifizierbaren Personen bei Facebook gepostet. Auf die Frage, ob dieses Foto dem „Journalismus" zugeordnet werden kann, nahm das Gericht wie folgt Stellung: „Bei einer Gesamtbetrachtung des aus dem streitgegenständlichen Foto, dem weiteren Foto von der Baustelle sowie der textlichen Überschrift bestehenden Posts lässt sich nicht feststellen, dass diese Veröffentlichung ausschließlich journalistischen Zwecken diente. Vielmehr diente die Veröffentlichung des Posts dazu, auf die parteipolitischen Aktivitäten des Klägers und ihre Erfolge aufmerksam zu machen."

6.3.4 Gewerbliches Fotografieren

Man kann davon ausgehen, dass folgende Tätigkeitsbereiche nicht unter die Öffnungsklausel fallen, hierbei muss also die DSGVO beachtet werden:

- Gewerbliches Fotografieren, z. B. bei Hochzeiten oder Konzerten
- Anfertigung von Bewerbungsfotos
- Anfertigung von Werbefotos
- Nicht journalistische Tätigkeit als Blogger und Influencer
- Öffentlichkeitsarbeit mit werblichem Schwerpunkt

Professionelles Hochzeitsfoto eines Fotografen

6.4 Umgang mit Daten

6.4.1 Auftragsverarbeitung

Wenn die Daten z. B. in einer Cloud gespeichert werden, dann werden sie an einen Dritten weitergegeben. Die Erhebung, Verarbeitung oder Nutzung von personenbezogenen Daten durch einen Dritten (Auftragsverarbeiter) muss vertraglich geregelt werden. Einen solchen Vertrag nennt man Auftragsverarbeitungsvertrag.

Bei der „Auftragsverarbeitung" bleibt die Verantwortung zunächst beim für die Datenverarbeitung Verantwortlichen, da die Weitergabe schließlich auf seine Veranlassung hin geschieht. Er ist auch der erste Ansprechpartner für Betroffene und für die Einhaltung der datenschutzrechtlichen Vorgaben zuständig. Der Auftragsverarbeiter ist dennoch nicht frei von Haftung. Art. 82 DSGVO regelt, dass er mit dem Verantwortlichen gemeinsam haftet. Die Haftung des Auftragsverarbeiters beschränkt sich aber auf Verstöße gegen die ihm vertraglich auferlegten Pflichten.

EU-Recht vs. US-Recht
Die meisten Cloud-Dienste nutzen Server im Ausland, in vielen Fällen auch in den USA. Viele Anbieter von Cloud-Diensten haben außerdem ihren zentralen Firmensitz in den USA.

US-Gesetze, wie der „Foreign Intelligence Surveillance Act (FISA)" oder der „Cloud Act" ermöglichen den US-Sicherheitsbehörden einen Zugriff auf Daten, der in dieser Form mit der DSGVO nicht vereinbar ist. Bislang wurde die dadurch entstehende Rechtsunsicherheit leider nicht aus der Welt geschafft, wodurch selbst nach Abschluss eines Auftragsverarbeitungsvertrages eine Unsicherheit bleibt: Hält sich das US-Unternehmen im Zweifel an die US-Gesetze oder an den Auftragsverarbeitungsvertrag?

6.4.2 Cookies

Nutzungsprofile werden oft mit Hilfe von Cookies erstellt. Ein Cookie (englisch für „Keks") ist eine Textdatei, die die besuchte Website mit Hilfe des Browsers auf dem Computer des Nutzers ablegt.

Cookies können z. B. für den Einkauf im Internet genutzt werden, indem der dabei entstehende virtuelle Einkaufskorb als Cookies abgelegt wird. Sobald personenbezogene Daten in Cookies gespeichert werden, ist dies datenschutzrechtlich relevant.

Entgegen der Rechtsprechung nach dem BDSG genügt zur Einhaltung der DSGVO das Opt-out-Verfahren nicht. Es ist das Opt-in-Verfahren notwendig, dies bedeutet, dass der Nutzer vor dem Setzen eines Cookies gefragt wird und in die Verarbeitung bewusst einwilligt.

Opt-in und Opt-out bei Cookies

Opt-in-Verfahren
Das Opt-in-Verfahren bedeutet, dass der Nutzer vor dem Setzen eines Cookies gefragt wird und in die Verarbeitung bewusst einwilligen muss.

Opt-out-Verfahren
Beim Opt-out-Verfahren wurde bereits eine Vorauswahl getroffen, der Nutzer muss Einstellungen abwählen. Opt-out ist zulässig, wenn es darum geht auszuwählen, welche Informationen in Cookies gespeichert werden dürfen und welche nicht.

6.4.3 Newsletter

Beim Abonnieren eines Newsletters ist sogar ein Double-Opt-in notwendig. Ein Nutzer, der sich mit seiner E-Mail-Adresse in einen Verteiler eingetragen hat (Opt-in), erhält in einer Bestätigungs-E-Mail die Möglichkeit, die Anmeldung zu bestätigen. Bestätigt er die Anmeldung ist das „Double-Opt-in" abgeschlossen.

6.4.4 Informationspflicht

Nach Art. 13, Abs. 1, DSGVO, Art. 14, Abs. 1, DSGVO und § 13 Telemediengesetz (TMG) muss der Diensteanbieter den Nutzer zu Beginn des Nutzungsvorgangs über folgende Sachverhalte informieren:

- Name und die Kontaktdaten des Verantwortlichen, ggf. auch des Datenschutzbeauftragten
- Zwecke, für die die personenbezogenen Daten verarbeitet werden sollen, sowie die Rechtsgrundlage dafür
- ggf. die berechtigten Interessen, die von dem Verantwortlichen oder einem Dritten verfolgt werden
- ggf. die Empfänger der personenbezogenen Daten
- Gegebenenfalls die Absicht des Verantwortlichen, die personenbezogenen Daten an ein Drittland oder eine internationale Organisation zu übermitteln

Der Nutzer muss hierüber in allgemein verständlicher Form informiert werden. Bei einem automatisierten Verfahren, das eine spätere Identifizierung des Nutzers ermöglicht und eine Erhebung oder Verwendung personenbezogener Daten vorbereitet, ist der Nutzer zu Beginn dieses Verfahrens zu unterrichten. Der Inhalt der Unterrichtung muss für den Nutzer jederzeit abrufbar sein. Datenschutzerklärungen müssen z. B. über die folgenden Sachverhalte informieren:

- Nutzung von Cookies
- Nutzung von Webfonts
- Nutzung von Google Analytics oder Google AdSense
- Nutzung der Google-Buttons „+1" oder „Teilen"
- Nutzung von Facebook-Buttons „Like" oder „Teilen"
- Nutzung des Twitter-Buttons „Re-Tweet"

Beispielfall „Google Fonts"
Das LG München I hat mit Urteil vom 20.01.2022 (Az. 3 O 17493/20) entschieden, dass ein Website-Betreiber nicht ohne Genehmigung die IP-Adresse eines Nutzers bei der Bereitstellung einer Schriftart dem Anbieter dieser Schriftart (Google) mitteilen darf.

Beispielfall „Google Analytics"
Das Landgericht Hamburg hat in einem Beschluss vom 09.08.2016 (Az. 406 HKO 120/16) entschieden, dass ein Website-Betreiber Google Analytics nur mit richtiger und vollständiger Belehrung einsetzen darf.

6.5 Aufgaben

1 Personenbezogene Daten kennen

Erklären Sie an den beiden Beispielen, warum die Daten laut DSGVO als „personenbezogen" eingestuft werden.

a. „Klaus Mauch hat blaue Augen."

b. „Der Halter des Fahrzeuges mit dem Kennzeichen KN-QZ 576 ist 56 Jahre alt."

2 Datenerhebung ohne Einwilligung beschreiben

Beschreiben Sie kurz zwei Umstände, unter denen eine Datenerhebung ohne Einwilligung des Betroffenen zulässig ist.

1.

2.

3 Datenerhebung mit Einwilligung beschreiben

Erklären Sie, unter welcher Bedingung eine Datenerhebung mit Einwilligung des Betroffenen zulässig ist.

4 Besondere Arten personenbezogener Daten kennen

Nennen Sie drei Beispiele für besonders zu schützende personenbezogene Daten.

1.

2.

3.

5 Anonymisierung und Pseudonymisierung von Daten beschreiben

Beschreiben Sie, was man unter der Anonymisierung und Pseudonymisierung von Daten versteht.

Anonymisierung von Daten:

Pseudonymisierung von Daten:

6 Abwägungsprinzip kennen

Erklären Sie, warum besonders beim Datenschutz oft eine Interessenabwägung vorzunehmen ist.

7 Personenbezogene Daten in Fotos erkennen

Nennen Sie zwei Beispiele für personenbezogene Daten in Fotos.

1.

2.

8 Auftragsverarbeitung kennen

Erklären Sie, worum es bei der Auftragsverarbeitung geht und warum häufig ein „Auftragsverarbeitungsvertrag" notwendig ist.

9 Cookie erklären

Erklären Sie, was ein Cookie ist und was man unter dem Opt-in-Verfahren und dem Opt-out-Verfahren versteht.

Cookie:

Opt-in-Verfahren:

Opt-out-Verfahren:

7.1 Recht im Internet

Die Möglichkeit zur Kommunikation und zum Datenaustausch über Landesgrenzen hinweg bietet unbestreitbar große Vorteile. Doch wer ist wofür verantwortlich und welche Vorschriften und Gesetze gelten im Internet?

7.1.1 Rechtsbezug

Herkunftslandprinzip
Laut § 3 Telemediengesetz (TMG) unterliegen in der Bundesrepublik Deutschland niedergelassene Diensteanbieter und ihre Telemedien den Anforderungen des deutschen Rechts.

Schutzlandprinzip
Nach Art. 8 der europäischen Verordnung „Rom II" zum Schutz von geistigem Eigentum ist das Recht des Staates anzuwenden, für den der Schutz beansprucht wird. Demnach ist es egal, ob sich ein Server in Deutschland oder im Ausland befindet, und ebenso egal, ob es sich um eine deutsche oder ausländische Domain handelt. Wenn es z. B. um den Schutz einer Marke in Deutschland geht, ist lediglich relevant, dass die Website in Deutschland aufrufbar ist.

„Commercial Effect"
Der BGH hat in einem Rechtsstreit über Markenrechte mit Urteil vom 08.03.2012 (Az. I ZR 75/10) über die Anwendbarkeit von deutschem Recht entschieden. In dem betreffenden Rechtsstreit ging es um die Ausstrahlung von italienischen Fernsehsendungen mit dem Wort „Oscar" im Titel. Der Markeninhaber der für Deutschland eingetragenen Wortmarke „Oscar" wollte gegen die italienische Fernsehsendung vorgehen. Das Gericht hat entschieden, dass die Möglichkeit, italienische Fernsehsendungen auch in Deutschland sehen zu können, nicht ausreicht, um einen Anspruch nach deutschem Recht durchsetzen zu können. Vielmehr muss das Angebot einen hinreichenden wirtschaftlich relevanten Inlandsbezug aufweisen, so der BGH, einen sogenannten „commercial effect".

Der Fall des grenzübergreifenden Fernsehempfangs ist sicherlich übertragbar auf die grenzübergreifende Nutzbarkeit von Internetseiten. Zur Beurteilung, ob eine Website einen relevanten Inlandsbezug aufweist, können folgende Fragen dienen:

- In welcher Sprache ist der Inhalt der Website verfasst?
- In welchen Ländern wird Werbung für die Website gemacht?
- Hat der Geschäftsgegenstand einen Landesbezug?

7.1.2 Telemediengesetz

Eine wichtige gesetzliche Grundlage im Bereich Internetrecht ist das TMG. Es gilt für alle elektronischen Informations- und Kommunikationsdienste, ausgenommen sind Telekommunikationsdienste (z. B. Telefon) und Rundfunk (Radio und Fernsehen). Dieses Gesetz gilt für alle *Diensteanbieter*, einschließlich öffentlicher Stellen, unabhängig davon, ob vom *Nutzer* ein Entgelt erhoben wird.

Diensteanbieter
Als Diensteanbieter wird jede natürliche oder juristische Person bezeichnet, die eigene oder fremde Telemedien zur Nutzung bereithält oder den Zugang zur Nutzung vermittelt.

Nutzer
Als Nutzer wird eine natürliche oder juristische Person bezeichnet, die Telemedien nutzt, insbesondere um Informationen zu erlangen oder zugänglich zu machen.

P. Bühler et al., *Medienrecht*, Bibliothek der Mediengestaltung,
https://doi.org/10.1007/978-3-662-66667-8_7

7.2 Impressum

7.2.1 Impressumspflicht

Nach § 5 TMG müssen alle Diensteanbieter bei geschäftsmäßiger Tätigkeit die im Abschnitt 7.2.2 „Impressumsinhalte" aufgeführten Informationen leicht erkennbar, unmittelbar erreichbar und ständig verfügbar halten.

Websites ohne Impressumspflicht
Webseiten unterliegen nur dann keiner Impressumspflicht, wenn auf ihnen keine Produkte bzw. Dienstleistungen angeboten werden und von ihnen auch nicht auf Webseiten verlinkt wird, die Produkte bzw. Dienstleistungen anbieten. Möglich wären nur Links, bei denen wirtschaftliche Interessen des Verlinkenden ausgeschlossen werden können.

Impressum auf der Startseite?
Der BGH hat in einem Urteil vom 20.07.2006 (Az. I ZR 228/03) geklärt, wann eine ausreichende Erkennbarkeit und Erreichbarkeit nach dem TMG gewährleistet ist. In den Leitsätzen heißt es, dass es genügen kann, wenn das Impressum bei einem Internetauftritt erst über zwei Klicks erreichbar ist (z. B. Kontakt > Impressum).

Beispielfall „Social-Media-Präsenz"
Das LG Aschaffenburg hat in einem Urteil vom 19.08.2011 (Az. 2 HK O 54/11) entschieden, dass auch Nutzer von Social-Media-Präsenzen (z. B. Facebook-Account) nach TMG über ein Impressum verfügen müssen, wenn diese zu Marketingzwecken benutzt werden und keine rein private Nutzung vorliegt.

7.2.2 Impressumsinhalte

Nach § 5 TMG sind für impressumspflichtige Websites folgende Inhalte vorgeschrieben:

Name und Anschrift des Anbieters
Es muss immer der Name und die vollständige Postanschrift (Straße, Hausnummer, Postleitzahl, Ort) angegeben werden. Unternehmen müssen die Firmenbezeichnung im handelsrechtlichen Sinn, einschließlich der Rechtsform (z. B. GmbH) und des Namens des Vertretungsberechtigten (z. B. Geschäftsführer oder Vorstand) und der Anschrift (Sitz der Gesellschaft) angeben.

Angaben zum Kapital
Wenn freiwillig Angaben über das Kapital der Gesellschaft gemacht werden, dann muss das Stamm- oder Grundkapital sowie, wenn nicht alle in Geld zu leistenden Einlagen eingezahlt sind, der Gesamtbetrag der ausstehenden Einlagen angegeben werden.

Kontaktdaten
Es müssen Angaben gemacht werden, die eine schnelle elektronische Kontaktaufnahme und unmittelbare Kommunikation mit dem Verantwortlichen ermöglichen (z. B. Telefonnummer). Zwingend muss eine E-Mail-Adresse angegeben werden.

Zulassungs-/Aufsichtsbehörde
Bei Unternehmen müssen Angaben zur zuständigen Aufsichts- und Zulassungsbehörde gemacht werden.

Register und Registernummer
Wenn ein Unternehmen im Handels-, Vereins- oder Partnerschafts- oder Genossenschaftsregister eingetragen ist, müssen der Name des Registers und die Registernummer angegeben werden.

Reglementierte Berufe
Wenn ein Beruf ausgeübt wird, dessen Aufnahme oder Tätigkeit durch eine

Rechtsvorschrift an das Bestehen eines Befähigungsnachweises gebunden ist (z. B. Meister) bzw. die Führung eines bestimmten Titels von Voraussetzungen abhängig ist (z. B. Apotheker, Architekt), müssen folgende Inhalte angegeben werden:

- Kammer, der der Diensteanbieter angehört
- Gesetzliche Berufsbezeichnung
- Staat, in dem die Berufsbezeichnung verliehen worden ist
- Bezeichnung der berufsrechtlichen Regelungen (Angabe der Gesetzes- bzw. Satzungsüberschrift) und eine Information zur Zugänglichkeit der Regelungen (z. B. Fundstelle im Bundesgesetzblatt oder Link auf Online-Sammlungen der Kammer)

Umsatzsteuer-Identifikationsnummer/ Wirtschafts-Identifikationsnummer
Wenn ein Unternehmen eine Umsatzsteuer-Identifikationsnummer oder eine Wirtschafts-Identifikationsnummer besitzt, muss diese angegeben werden.

Abwicklung/Liquidation
Bei den folgenden Rechtsformen muss eine Angabe erfolgen, wenn sich das Unternehmen in einer Abwicklung oder Liquidation befindet (also wenn ein Unternehmen verkauft bzw. beendet wird):

- AG (Aktiengesellschaft)
- KGaA (Kommanditgesellschaft auf Aktien)
- GmbH (Gesellschaft mit beschränkter Haftung)

Verantwortliche Person für den Inhalt
§ 55 Rundfunkstaatsvertrag (RStV) verlangt, dass bei redaktionellen Inhalten auch eine verantwortliche Person für den Inhalt benannt wird. Diese verantwortliche Person muss folgende Bedingungen erfüllen:

- Sie muss ihren ständigen Aufenthalt im Inland haben.
- Sie darf nicht infolge Richterspruchs die Fähigkeit zur Bekleidung öffentlicher Ämter verloren haben.
- Sie muss voll geschäftsfähig sein.
- Sie muss unbeschränkt strafrechtlich verfolgt werden können.

7.2.3 Musterimpressum

Musterverein e.V.
Musterstraße 1, 90210 Musterstadt
Telefon:+49 (0) 123 44 55 66
E-Mail: info@musterverein.de

Vertretungsbefugt:
1. Vorsitzender: Klaus Muster
Musterstraße 2, 90210 Musterstadt
Telefon:+49 (0) 123 45 6
E-Mail: klaus@musterverein.de

2. Vorsitzende: Helga Muster
Musterstraße 2, 90210 Musterstadt
Telefon:+49 (0) 123 45 66
E-Mail: helga@musterverein.de

Vereinsregister und Registereintrag
Amtsgericht Musterstadt
Registernummer: VR 98765

Umsatzsteuer-Identifikationsnummer gem. § 27a Umsatzsteuergesetz:
DE 12345678

Wirtschaftsidentifikationsnummer gem. § 139c Abgabenordnung:
DE 1234567

Verantwortlich i.S.d. § 55 Abs. 2 RStV:
Helena Muster
Musterstraße 2, 90210 Musterstadt

Das Impressum gilt für:
musterverein.de

7.3 Haftung

7.3.1 Eigene Inhalte

Diensteanbieter sind laut § 7 TMG für alle eigenen Informationen, die sie zur Nutzung bereithalten, nach den allgemeinen Gesetzen uneingeschränkt verantwortlich. Der Anbieter von eigenen Informationen wird auch „Content-Provider" genannt.

Links zu fremden Inhalten
Ein Diensteanbieter ist auch für fremde Inhalte verantwortlich, wenn diese nicht deutlich als fremde Inhalte erkennbar sind, z. B. wenn sich die neue Seite innerhalb der bestehenden Seite öffnet. Auch ist ein Diensteanbieter verantwortlich für die bewusste Verlinkung rechtswidriger Inhalte.

7.3.2 Fremde Inhalte nach TMG

Übermittlung und Speicherung
Wenn Diensteanbieter fremde Informationen in einem Kommunikationsnetz übermitteln oder den Zugang dazu vermitteln, sind sie nach § 8 Abs. 1 TMG nicht verantwortlich. Voraussetzung dafür ist, dass sie die Übermittlung nicht veranlasst haben, den Adressaten der übermittelten Informationen nicht ausgewählt und die übermittelten Informationen nicht ausgewählt oder verändert haben. Nach § 7 Abs. 2 TMG ist ein Diensteanbieter außerdem nicht verpflichtet, die von ihm übermittelten oder gespeicherten Informationen zu überwachen oder nach Umständen zu forschen, die auf eine rechtswidrige Tätigkeit hinweisen.

Ein Diensteanbieter ist nach § 10 TMG als „Presence-Provider" nur für fremde, bei ihm gespeicherte Inhalte verantwortlich, wenn er von der Rechtswidrigkeit dieser Inhalte Kenntnis hat und diese nicht unverzüglich löscht bzw. deren Nutzung verhindert, sobald er Kenntnis davon hat.

Nutzerbeschwerden
Videosharingplattform-Anbieter sind laut § 10a TMG verpflichtet, ein Verfahren bereitzustellen, mit dem die Nutzer/-innen Beschwerden über rechtswidrige Inhalte elektronisch melden können. Nutzerbeschwerden müssen sie gemäß § 10b TMG unverzüglich nachgehen.

7.3.3 Fremde Inhalte nach UrhDaG

Das Urheberrechts-Diensteanbieter-Gesetz (UrhDaG), das 2021 in Kraft getreten ist, geht über den Anspruch zur Löschung bzw. Sperrung von rechtswidrigen Inhalten nach TMG hinaus. § 1 Abs. 1 UrhDaG besagt: „Ein Diensteanbieter [...] gibt Werke öffentlich wieder, wenn er der Öffentlichkeit Zugang zu urheberrechtlich geschützten Werken verschafft, die von Nutzern des Dienstes hochgeladen worden sind."

Geringfügige Nutzungen
Nach § 10 UrhDaG sind die folgenden Nutzungen von Werken Dritter als geringfügig einzustufen und damit ohne Genehmigung rechtens, sofern sie nicht zu kommerziellen Zwecken dienen oder nur unerhebliche Einnahmen vorliegen:

- Filmwerke, Laufbilder und Tonspuren: jeweils bis zu 15 Sekunden
- Texte: jeweils bis zu 160 Zeichen
- Lichtbildwerke, Lichtbilder oder Grafiken: jeweils bis zu 125 Kilobyte

Haftung nach UrhDaG
Damit ein Diensteanbieter von der Haftung befreit ist, muss er einige Voraussetzungen erfüllen. Die folgenden Pflichten gelten aber nach § 2 Art. 1 UrhDaG nur für Diensteanbieter, die eine große Menge an von Drit-

ten hochgeladenen urheberrechtlich geschützten Inhalten speichern und öffentlich zugänglich machen, die Inhalte organisieren, die Inhalte zum Zweck der Gewinnerzielung bewerben und mit Online-Inhaltediensten um dieselben Zielgruppen konkurrieren:

- Er muss bestmögliche Anstrengungen unternehmen, um die vertraglichen Nutzungsrechte für die öffentliche Wiedergabe urheberrechtlich geschützter Werke zu erwerben.
- Er muss durch Sperrung oder Entfernung (Blockierung) bestmöglich sicherstellen, dass ein Werk nicht weiterhin öffentlich wiedergegeben wird und auch künftig nicht verfügbar ist, sobald der Rechtsinhaber dies verlangt und die hierfür erforderlichen Informationen bereitstellt.
- Er muss seine Maßnahmen so gestalten, dass von Nutzern hochgeladene, gesetzlich erlaubte Inhalte verfügbar sind bzw. bleiben. Unverhältnismäßige Blockierungen durch automatisierte Verfahren sind zu vermeiden.
- Wenn ein Inhalt beim Hochladen (Uploadfilter) automatisiert blockiert wird und es sich nicht um eine geringfügige Nutzung handelt, dann ist der Diensteanbieter verpflichtet, den Nutzer darüber zu informieren. Dem Nutzer muss dann die Möglichkeit gegeben werden, die Nutzung als gesetzlich erlaubt zu kennzeichnen.
- Wenn der Inhalt erst nach dem Hochladen automatisiert geprüft und ggf. geblockt wird, so kann für 48 Stunden davon ausgegangen werden, dass der Inhalt als mutmaßlich erlaubt gilt, während der Inhalt geprüft wird.

Beispielfall „Sharehoster uploaded"
Das Urteil des BGH vom 02.06.2022 (Az. I ZR 53/17) zeigt, dass in bestimmten Fällen ein Diensteanbieter durchaus haftbar gemacht werden kann. Der BGH sah es als erwiesen an, dass der Betreiber der Sharehosting-Plattform wusste oder hätte wissen müssen, dass Nutzer rechtsverletzende Inhalte hochgeladen haben. Damit handelt er so, als ob er selbst eine öffentliche Wiedergabe dieser Inhalte im Sinne des UrhG vornimmt. Vorausgesetzt, er fördert ein solches Verhalten seiner Nutzer wissentlich, indem er ein Geschäftsmodell gewählt hat, das die Nutzer dazu anregt, geschützte Inhalte rechtswidrig öffentlich zugänglich zu machen.

7.3.4 Verbreitung pornografischer Inhalte

§ 184 StGB besagt u. a.: „Wer einen pornographischen Inhalt [...] einer Person unter achtzehn Jahren anbietet, überläßt oder zugänglich macht [...] wird mit Freiheitsstrafe bis zu einem Jahr oder mit Geldstrafe bestraft." Das Verschicken eines pornografischen Fotos z. B. per Airdrop an Unbekannte und damit potenziell Minderjährige stellt bereits einen solchen Verstoß dar, ebenso ein Fall, wie dieser:

Beispielfall „Verlinkung"
Ein Domaininhaber musste für den Inhalt verlinkter Seiten haften, da diese rechtswidrig waren und er Kenntnis davon hatte (hier: pornografische Inhalte ohne Zugangsbarriere).

Für das Gericht war bei der Beurteilung der Haftungsfrage relevant, dass die Links thematisch sortiert, kommentiert und mit Vorschaubilder versehen waren. Der Domaininhaber hatte also eindeutig Kenntnis von den verlinkten Inhalten und musste daher für die Verlinkung haften, so das VG Karlsruhe in einem Urteil vom 25.07.2012 (Az. 5 K 3496/10).

7.4 Domainrecht

7.4.1 Einführung

Eine Domain ist eine im Internet weltweit einmalige und eindeutige Adresse, die mit wenigen Einschränkungen frei wählbar ist (z. B. springer.de). Ein fester Bestandteil einer solchen Domain ist die Top-Level-Domain (TLD), z. B. „.de" oder „.com". Für eine leichte Einprägsamkeit sind kurze und aussprechbare Domains eine wichtige Voraussetzung. Eine leicht einprägsame Domain hat also auch einen nicht unerheblichen Werbe- und Marktwert.

Leider kann z. B. die Domain „mueller.de" weltweit nur einmal vergeben werden. Da es in Deutschland aber nicht nur eine Person bzw. ein Unternehmen mit dem Namen „Müller" gibt, ist nachvollziehbar, dass es inzwischen häufig auch juristische Auseinandersetzungen über den rechtmäßigen Besitz von Domains gibt.

7.4.2 Rechtsansprüche

Nur in wenigen Fällen (z. B. eBay) ist die Domain ursächlich mit dem Unternehmen verbunden und Quelle der Namensentstehung. In diesen Fällen sind rechtliche Ansprüche an diese Domains nicht oder nur schwer durchsetzbar, da die Herausgabe der Domain dem Unternehmen die Existenzgrundlage entziehen würde. In den meisten Fällen stellt eine Domain jedoch rechtlich nur eine Gebrauchsform der Bezeichnung (z. B. von einem Markennamen) dar. Herausgabeansprüche sind meist durchsetzbar, wenn Rechte an der betreffenden Bezeichnung bestehen (siehe auch Kapitel 5.1 „Markengesetz", Seite 56 ff.).

Name
Der Name einer Person oder eines Ortes berechtigt laut BGB dazu, den betreffenden Namen (z. B. „Konstanz") auch als Domain zu verwenden (hier: „konstanz.de").

Firmenname
Die Bezeichnung einer Geschäftstätigkeit (z. B. „Schreinerei Schulz") kann nach HGB (Handelsgesetzbuch) einen Anspruch z. B. an der Domain „schreinerei-schulz.de" rechtfertigen.

Markenname
Sind Marken nach dem MarkenG eingetragen oder haben Verkehrsgeltung bzw. sind notorisch bekannt, dann rechtfertigt dies einen Anspruch an der betreffenden Domain.

Geschäftliche Bezeichnung
Wenn eine geschäftliche Bezeichnung nach dem MarkenG als Unternehmenskennzeichen oder Werktitel geschützt ist, können Ansprüche geltend gemacht werden.

Geografische Herkunftsangabe
Ansprüche an eine Domain können nach MarkenG auch geografische Herkunftsangaben rechtfertigen. Dies sind Angaben wie der Name von Orten, Gegenden, Gebieten oder Ländern, die zur Kennzeichnung der geografischen Herkunft von Waren oder Dienstleistungen benutzt werden.

7.4.3 Domainstreitigkeiten

Schwierig sind Domainstreitigkeiten, wenn beide Parteien Rechte an einer Bezeichnung besitzen. In diesem Fall muss vom Gericht abgewogen werden, welches Recht nachrangig und welches vorrangig zu beurteilen ist.

Bei Gattungsbezeichnungen (z. B. „schuhe.de") sind Herausgabeansprüche meist aussichtslos, da keine rechtliche Grundlage für den Anspruch vorhanden ist.

Beispielfall „Ausländische TLD“
Der BGH hat in einem Urteil vom 28.04.2016 (Az. I ZR 82/14) entschieden, dass nur dann eine Beeinträchtigung von Namensrechten eines deutschen Unternehmens (hier: ProfitBricks GmbH) durch eine Domain mit ausländischer TLD (z. B. profitbricks.es) vorliegt, wenn konkrete schutzwürdige Interessen des Namensträgers beeinträchtigt werden. Im vorliegenden Fall reichte die pauschale Absicht zur zukünftigen unternehmerischen Ausdehnung hierfür nicht aus.

Beispielfall „1. FC Köln“
Das LG Köln hat in einem Urteil vom 09.08.2016 (Az. 33 O 250/15) entschieden, dass der Fußballverein 1. FC Köln Anspruch auf Löschung der Domain fc.de hat.

Dem Verein steht nach BGB ein Namensrecht an dem Kürzel „FC“ zu, da er hiermit umgangssprachlich bezeichnet wird. Für Abkürzungen, die aus einem vollständigen Namen abgeleitet werden, gilt ein Schutz, wenn die Abkürzung selbst Unterscheidungskraft aufweist.

Beispielfall „Joe Snyder“
Streitgegenstand im vorliegenden Fall war die Domain „joesnyder.de“. Der Kläger hatte eine Marke „Joe Snyder“ für Textilwaren angemeldet, während der Beklagte bereits zu einem früheren Zeitpunkt begonnen hatte, unter der Domain „joesnyder.de“ Textilwaren anzubieten und zu bewerben.

Das LG Köln hat in einem Urteil vom 03.09.2009 (Az. 81 O 128/09) entschieden, dass eine Domain Markenrechte entwickeln kann, selbst wenn die Domain nicht als Marke eingetragen wurde. Da die Domain bereits vor der Eintragung der Marke „Joe Snyder“ markenmäßig als Herkunftshinweis benutzt wurde, ist in diesem Fall das ältere Recht vorrangig zu beurteilen. Der Inhaber der Marke „Joe Snyder“ hatte das Nachsehen, der Domaininhaber musste seine Domain nicht abtreten.

Beispielfall „Eigener Name“
Der BGH hat in einem Urteil vom 24.03.2016 (Az. I ZR 185/14) entschieden, dass der Träger eines Namens auch das Recht auf eine gleichlautende Domain hat, hier „grit-lehmann.de“. Auch ein Nichtnamensträger darf eine solche Domain anmelden, wenn er dies stellvertretend für einen Namensträger tut. Dies muss jedoch für alle Namensträger einfach und zuverlässig nachprüfbar sein.

7.4.4 Denic

Die DENIC eG hat als zentrale Aufgabe den Betrieb und die Verwaltung der Top-Level-Domain „.de“. Über die Domainabfrage auf denic.de erhält man die öffentlich zugänglichen Informationen zu einer registrierten Internet-Domain und damit auch Angaben über den verantwortlichen Diensteanbieter.

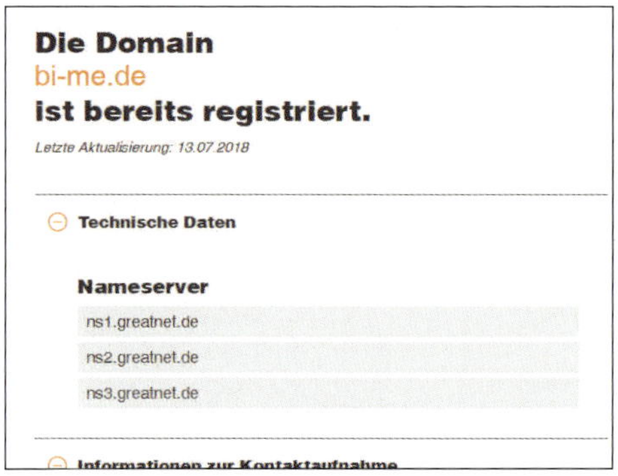

7.5 Suchmaschinen

Suchmaschinen leisten einen wichtigen Beitrag dazu, dass Nutzer das Internet überhaupt verwenden können. Die systematische Durchsuchung von Websites und die Verwendung der Inhalte für Ergebnislisten ist jedoch rechtlich nicht unproblematisch, wie die folgenden Beispiele zeigen.

7.5.1 Rechtsverletzende Inhalte

Da eine Suchmaschine automatisiert arbeitet, kann bei einer Verlinkung auf rechtsverletzende Inhalte davon ausgegangen werden, dass die Verlinkung nicht „bewusst" vorgenommen wurde, der Suchmaschinenbetreiber hat also zunächst keine Kenntnis davon und muss daher hierfür auch nicht haften.

Sobald der Suchmaschinenbetreiber jedoch Kenntnis über rechtsverletzende Links erlangt, muss er diese Links aus der Datenbank entfernen oder die Rechtsverletzung beseitigen.

7.5.2 Bildersuche

Der BGH hat in zwei Urteilen vom 29.04.2010 (Az. I ZR 69/08) und vom 19.10.2011 (Az. I ZR 140/10) die Zulässigkeit von Bildersuchmaschinen festgestellt. Wenn keine technischen Vorkehrungen gegen ein Auffinden und Anzeigen einer Abbildung durch eine Suchmaschine getroffen werden, dann ist es zulässig, dass eine Bildersuchmaschine ein Vorschaubild der Abbildung in einer Ergebnisliste anzeigt.

Da Suchmaschinen nicht unterscheiden können, ob ein Bild mit oder ohne Berechtigung eingestellt wurde, kann der Suchmaschinenbetreiber auch nicht für Bilder haftbar gemacht werden, die rechtswidrig ins Internet gestellt wurden und von der Bildersuchmaschine als Treffer aufgeführt werden.

7.5.3 Autocomplete

Der BGH hat in einem Urteil vom 14.05.2013 (Az. VI ZR 269/12) entschieden, dass ein Betroffener verlangen kann, dass der Betreiber einer Suchmaschine mit Suchwortergänzungsfunktion persönlichkeitsrechtsverletzende Begriffe bei Eingabe des Namens des Betroffenen löscht.

Der Betreiber ist jedoch erst in der Verantwortung, wenn er Kenntnis von der Verletzung des Persönlichkeitsrechts hat. Im vorliegenden Fall hatte Bettina Wulff, die Gattin von Ex-Bundespräsident Christian Wulff, erreicht, dass die Kombination ihres Namens mit Begriffen aus dem Rotlichtmilieu verhindert wurde.

7.5.4 Suchmaschinenmarketing

Keywords
Der BGH hat in einem Urteil vom 13.12.2012 (Az. I ZR 217/10) entschieden, dass beim Keyword-Advertising (z. B. Google AdWords) eine Markenverletzung ausgeschlossen ist, wenn die Werbung in einem von der Trefferliste deutlich getrennten Werbeblock erscheint und kein Hinweis auf die Marke, den Markeninhaber oder dessen Produkte enthält.

Meta-Tags
Das OLG Düsseldorf hat in einem Urteil vom 01.10.2002 (Az. 20 U 93/02) entschieden, dass die Benutzung von sachfremden Meta-Tags nicht wettbewerbswidrig ist, solange nicht die Kunden daran gehindert werden, bei einem Konkurrenten zu kaufen. Im vorliegenden Fall wurden als Meta-Tags z. B. „StVO" und „Urteil" verwendet, obwohl es sich um einen Vertrieb für Roben für z. B. Rechtsanwälte oder Richter handelte.

7.6 Aufgaben

1 Rechtsbezüge kennen

Erklären Sie kurz, ob in dem folgenden Beispiel der Diensteanbieter nach dem jeweiligen Prinzip haftbar gemacht werden kann:
Ein in China niedergelassener Diensteanbieter verletzt eine für Deutschland eingetragene Marke auf einer Website, die Produkte für den chinesischen Markt vertreibt.

Herkunftslandprinzip:

Schutzlandprinzip:

„Commercial Effect":

2 Impressumspflicht erklären

Beschreiben Sie, in welchem Fall eine Website eine Anbieterkennzeichnung (Impressum) beinhalten muss.

3 Richtige Platzierung des Impressums kennen

Erklären Sie, welche Bedingungen für die Platzierung eines Impressums auf einer Website gelten.

4 Impressumsinhalte kennen

Nennen Sie die Inhalte, die in jedem Fall in einem Impressum bei einer geschäftlichen Website mit redaktionellem Inhalt vorkommen müssen.

5 Haftung bei verschiedenen Inhaltsarten kennen

Erklären Sie kurz, wann ein Diensteanbieter in den folgenden Fällen bei rechtswidrigen Inhalten haftbar gemacht werden kann:

Selbst bereitgestellte Inhalte:

Links zu fremden Inhalten:

Fremde Inhalte:

6 Haftung nach UrhDaG kennen

Nennen Sie die Anforderungen, die nach UrhDaG an einen Diensteanbieter gestellt werden, der große Datenmengen von Nutzern öffentlich bereithält.

7 Grundlagen für Rechtsansprüche an Domains kennen

Nennen Sie die fünf Grundlagen für Rechtsansprüche an Domains.

1.

2.

3.

4.

5.

8 Rechtslage bei der Verwendung von Keywords in der Werbung kennen

Beschreiben Sie die Rechtslage zur Verwendung von Markennamen als Keywords in der Werbung.

9 Rechtslage bei der Verwendung von Meta-Tags kennen

Beschreiben Sie die Rechtslage zur Verwendung von Meta-Tags.

8.1 Lösungen

8.1.1 Einführung

1 Begriff „Lichtbild" kennen

Gemeint sind damit Abbildungen, für die auftreffendes Licht verantwortlich ist wie bei Analog- oder Digitalfotos.

2 Begriff „Medien" kennen

Medien sind Kommunikationsmittel, sie enthalten Informationen in Form von Text, Bild, Bewegung oder Tönen.

3 Begriff „Nutzung" kennen

Damit ist eine rechtlich relevante Verwendung eines Werkes gemeint, also z. B. die Verwendung eines Fotos auf einer Website.

4 Begriff „Veröffentlichung" kennen

Damit ist gemeint, dass etwas der Öffentlichkeit zugänglich gemacht wird. Streng genommen handelt es sich bereits bei zwei Personen um eine „Öffentlichkeit".

5 Begriff „Verwertung" kennen

Mit der Verwertung ist eine Veröffentlichung gegen Bezahlung gemeint.

6 Rechtsmittel „Abmahnung" kennen

Der Verletzer von Rechten wird auf seinen Fehler hingewiesen und ihm wird die Gelegenheit gegeben, den Streit durch Abgabe einer Unterlassungsverpflichtung beizulegen, die mit einer angemessenen Vertragsstrafe versehen ist.

7 Rechtsmittel „Unterlassung" kennen

Der Rechtsverletzer beseitigt den Verstoß, indem er z. B. einen Text löscht oder eine Domain freigibt und so die Wiederholungsgefahr ausräumt.

8 Rechtsmittel „Gegendarstellung" kennen

Die Darstellung eines Sachverhalts, über den zuvor in einem Medium berichtet worden war, durch den Betroffenen selbst, wobei die Richtigkeit einer Tatsachenbehauptung hier nicht entscheidend ist.

9 Rechtsmittel „Berufung" kennen

Rechtsmittel zur Überprüfung eines gerichtlichen Urteils durch ein übergeordnetes Gericht. Überprüfung aus rechtlicher und tatsächlicher Sicht.

10 Rechtsmittel „Revision" kennen

Die Revision ist ein Rechtsmittel zur Überprüfung eines gerichtlichen Urteils durch ein übergeordnetes Gericht. Die Revision überprüft einen Fall nur aus rechtlicher Sicht.

11 Gerichtsinstanzen kennen

1. Instanz: Amtsgericht
2. Instanz: Landgericht
3. Instanz: Oberlandesgericht

12 Rechte an Bildern kennen

UrhG, KunstUrhG, MarkenG, DesignG und DSGVO

13 Rechte an Produkten kennen

UWG, DesignG, MarkenG, UrhG, PatG

P. Bühler et al., *Medienrecht*, Bibliothek der Mediengestaltung,
https://doi.org/10.1007/978-3-662-66667-8

8.1.2 Urheberrecht

1 Revidierte Berner Übereinkunft erklären

Es geht um den weltweiten Schutz von Urheberrechten und um einheitliche Standards, die diesen Schutz betreffen.

2 Ziel des Urhebergesetzes beschreiben

Das Urheberrecht schützt den Urheber in seiner Beziehung zum Werk und ermöglicht ihm eine angemessene Vergütung.

3 Person des Urhebers definieren

Ein Urheber ist die Person, die für die Schöpfung eines Werkes verantwortlich ist.

4 Persönliche geistige Schöpfung erklären

- Es muss von einem Menschen geschaffen worden sein.
- Es muss geistige Arbeit mit der Erschaffung verbunden gewesen sein.
- Es muss sich um etwas Einzigartiges handeln.

5 Verkäuflichkeit von Rechten kennen

Recht	Verkauf möglich?	
	Ja	Nein
Urheberrecht		X
Verwertungsrecht	X	
Nutzungsrecht	X	

6 Unterschied Lichtbild/Lichtbildwerk kennen

Als Lichtbildwerke zählen nur „persönliche geistige Schöpfungen", alle anderen Fotos sind nur Lichtbilder.

7 Schutzdauer kennen

Lichtbildwerk: 70 Jahre nach dem Tod des Urhebers
Lichtbild: 50 Jahre nach Veröffentlichung

8 Beispiele für „angewandte Kunst" kennen

Möbel, Besteck, Lampen, Textilien oder Modeerzeugnisse, Lebensmittelverpackungen, Logos

9 Verwertung erklären

Mit Verwertung ist eine Verwendung eines Mediums gegen Bezahlung gemeint.

10 Körperliche und unkörperliche Verwertung unterscheiden

Körperliche Verwertung:
- Vervielfältigung
- Verbreitung

Unkörperliche Verwertung:
- Vorführung
- Lesung

11 Regelungen zur Privatkopie kennen

- Man muss Eigentümer des Originalwerkes sein.
- Die Privatkopie darf nicht zu Erwerbszwecken genutzt werden.

12 Umgang mit Kopierschutz kennen

Bei der kopiergeschützten Software-CD darf der Kopierschutz für eine Privatkopie umgangen werden, bei der Musik-CD nicht, soweit es sich um einen wirksamen Schutz handelt.

13 Einfaches Nutzungsrecht kennen

Das einfache Nutzungsrecht erlaubt dem Inhaber dieses Rechtes, das Werk auf die vertraglich vereinbarte Art zu nutzen, ohne dass die Nutzung durch andere ausgeschlossen ist.

14 Ausschließliches Nutzungsrecht kennen

Das ausschließliche Nutzungsrecht erlaubt dem Inhaber dieses Rechtes, das Werk unter Ausschluss aller anderen Personen auf die vertraglich vereinbarte Art zu nutzen.

15 Tätigkeit von Verwertungsgesellschaften kennen

Verwertungsgesellschaften ziehen Gebühren von den zahlungspflichtigen Nutzern ein und leiten die Erträge anteilig an die Inhaber der Urheberrechte weiter.

16 Aufgaben von Verwertungsgesellschaften kennen

- Optimale Erträge für Autoren und Verlage erzielen
- Neue urheberrechtliche Verwertungsmöglichkeiten für die Urheber nutzen
- Gesetzgeber zu entsprechenden Gesetzen beraten

17 Fälle kennen, in denen GEMA-Gebühren gezahlt werden müssen

- Nutzung von Musikbeiträgen auf einer WWW-Seite
- Abspielen von Hintergrundmusik in Geschäften, Friseursalons, Fitnessstudios usw.
- Nutzung von Musikbeiträgen auf Faschingsveranstaltungen
- Veranstaltung eines Konzertes
- Nutzung von musikalischen Werken für Anrufbeantworter, Warteschleifen oder Klingeltöne
- Beschallung von Restaurants, Bars und Diskotheken

18 Bedeutung der Urheberpersönlichkeitsrechte kennen

Bei den Urheberpersönlichkeitsrechten handelt es sich um unveräußerliche Rechte.

19 Urheberpersönlichkeitsrechte kennen

- Veröffentlichungsrecht
- Namensnennungsrecht
- Schutz vor Beeinträchtigungen
- Zugänglichkeit des Werkes
- Genehmigung von Bearbeitung und Umgestaltung
- Veräußerungsbeteiligung
- Nachvergütungsanspruch

20 Beiwerk-Regelung kennen

„Unwesentliches Beiwerk" bedeutet bei Fotos, dass Rechte von Urhebern abgebildeter Werke ohne Bedeutung sind, wenn die Werke nicht der eigentliche Gegenstand des Fotos sind.

21 Regelung zu Produktfotos kennen

Zur Vermarktung von Produkten ist deren Abbildung notwendig, durch die Erstverbreitung des Werkes und die Entscheidung des Urhebers, das Produkt im Handel verkaufen zu lassen, sind solche Fotos rechtlich unproblematisch, soweit der Urheber dies nicht explizit verbietet.

22 Panoramafreiheit kennen

- Die abgebildeten Werke müssen sich bleibend an öffentlichen Wegen, Straßen oder Plätzen befinden.
- Die Abbildung muss von einem für das Publikum allgemein zugänglichen Ort aus aufgenommen werden.
- Die Abbildung muss das Motiv unverändert darstellen.
- Es dürfen keine Hilfsmittel (Leiter, Hubschrauber usw.) genutzt werden, die die Perspektive verändern.
- Bei Bauwerken darf nur die äußere Ansicht zu sehen sein.

23 Creative Commons kennen

Icon	Erklärung
	Der Name des Urhebers muss genannt werden.
	Das Werk darf nicht für kommerzielle Zwecke verwendet werden.
	Das Werk darf nicht verändert werden.
	Das Werk darf nur unter der gleichen Lizenz weitergegeben werden.

8.1.3 Persönlichkeitsrecht

1 Begriff „Bildnis" definieren

Darstellung einer Person, die eine Erkennbarkeit der Person ermöglicht.

2 Frist für das „Recht am eigenen Bild" kennen

Bis 10 Jahre nach dem Tod der abgebildeten Person.

3 „Absolute Person der Zeitgeschichte" kennen

Person, die aufgrund ihrer Stellung, Taten oder Leistungen außergewöhnlich herausragt, weshalb ein besonderes Informationsinteresse an der Person besteht.

4 „Relative Person der Zeitgeschichte" kennen

Person, die in Zusammenhang mit einem zeitgeschichtlichen Ereignis in den Blick der Öffentlichkeit geraten ist.

5 Regelung zu den relativen Personen der Zeitgeschichte kennen

Bilder dieser Personen dürfen im Zusammenhang mit dem zeitgeschichtlichen Ereignis ohne Einwilligung veröffentlicht werden, durch das sie relative Personen der Zeitgeschichte sind.

6 Regelung zu den absoluten Personen der Zeitgeschichte kennen

Bilder dieser Personen dürfen im Zusammenhang mit Zeitgeschehen ohne Einwilligung veröffentlicht werden.

7 Regelung zur Werbung mit absoluten Personen der Zeitgeschichte kennen

Wenn die Werbeanzeige zusätzlich zum Werbezweck auch ein Ereignis des Zeitgeschehens thematisiert, das im Zusammenhang mit der Person steht.

8 Personen als „Beiwerk" erklären

Wenn eine Person auf einem Bild nicht das zentrale Bildmotiv ist, man also ihr bei der Betrachtung wenig Beachtung schenkt.

9 „Versammlungen" beschreiben

Eine Versammlung besteht immer dann, wenn sich Menschen in der Öffentlichkeit zu einem bestimmten Zweck versammeln, der von öffentlichem Interesse ist.

10 Regelung zu „Beiwerk" und „Versammlungen" kennen

In diesen Fällen ist für eine Veröffentlichung keine Einwilligung der dargestellten Personen notwendig.

11 Strafbare Handlungen einordnen

Bei der Verletzung eines Paragrafen des StGB kann der Verstoß mit einer Gefängnisstrafe geahndet werden.

12 Persönlichkeitsrechte anwenden

Eine wahrscheinlich beabsichtigte Veröffentlichung kann Anlass sein, dass bereits die Erstellung eines Fotos nicht rechtens ist, da sich nach der Erstellung das Foto der Kontrolle der abgebildeten Person entzieht.

13 Notwendigkeit einer Einwilligung begründen

Abbildungen von Personen, die weder absolute noch relative Personen der Zeitgeschichte sind, nicht Beiwerk und auch nicht Teil einer Versammlung sind, bedürfen der Einwilligung der abgebildeten Personen, wenn sie veröffentlicht werden sollen.

8.1.4 Werberecht

1 Ziele des UWG kennen

Das UWG dient dem Schutz der Marktteilnehmer/-innen vor unfairen bzw. betrügerischen geschäftlichen Handlungen.

2 Begriff „unlauter" definieren

a. Der Begriff „unlauter" umschreibt geschäftliche Handlungen, die als unfair und betrügerisch gelten.
b.
   - Falsche Angaben
   - Täuschende Angaben
   - Druckausübung

3 UWG anwenden

a. Beispiel „Äpfel": Unzulässig, da die Angabe nicht belegbar ist. Es handelt sich also um eine falsche bzw. täuschende Angabe.
b. Beispiel „Zahnbürste": Zulässig, die Angabe „kostenfrei" bezieht sich auf das Produkt selbst. Kosten für den Versand dürfen dennoch berechnet werden.
c. Beispiel „Schokolade": Zulässig, zeitliche Beschränkungen sind erlaubt, nur die zeitliche Druckausübung ist unzulässig.

d. Beispiel „Heizdecke“: Unzulässig, hier wird räumlicher Druck ausgeübt.
e. Beispiel „Mitgliedschaft“: Unzulässig, dies ist das klassische „Schneeballsystem“.

4 Lockangebote definieren

a. Ein Lockangebot liegt vor, wenn ein Unternehmen Waren oder Dienstleistungen günstig anbietet, mit der Absicht, diese gar nicht zu verkaufen.
b. Beispiele sind:
   - Es ist keine angemessene Stückzahl vorhanden.
   - Ware bzw. Dienstleistung wird nicht gezeigt bzw. verkauft.
   - Ware bzw. Dienstleistung wird als fehlerhaft beschrieben und es wird versucht, etwas anderes zu verkaufen.

5 Regelungen zu E-Mail-Werbung kennen

- Wenn eine vorherige ausdrückliche Einwilligung des Adressaten vorliegt.
- Identität des Absenders ist klar ersichtlich.

6 Bedingungen vergleichender Werbung kennen

- Der Vergleich bezieht sich auf Waren oder Dienstleistungen für den gleichen Bedarf.
- Der Vergleich bezieht sich auf wesentliche, nachprüfbare Eigenschaften oder den Preis.

7 Inhalte der Preisangabenverordnung kennen

- Preise für Privatverbraucher/-innen müssen als Gesamtpreise angegeben werden.
- Kosten für Fracht, Lieferung und Versand müssen angegeben werden, falls diese anfallen.
- Preis muss leicht erkennbar und deutlich lesbar/wahrnehmbar sein.
- Bei Aufgliederung von Preisen müssen die Gesamtpreise hervorgehoben werden.

8.1.5 Marken- und Designrecht

1 Schutzentstehung bei Marken kennen

- Eintragung
- Verkehrsgeltung
- Notorische Bekanntheit

2 Notorische Bekanntheit erklären

Die angesprochenen Verkehrskreise verbinden mit der Marke sofort ein bestimmtes Produkt oder eine bestimmte Dienstleistung.

3 Schützbare Marken kennen

- Wortmarke
- Wort-Bild-Marke
- Bildmarke
- Farbmarke
- Hörmarke
- 3D-Marke

4 Geografische Herkunftsangaben korrekt verwenden

- Dürfen nur für Waren oder Dienstleistungen benutzt werden, die tatsächlich aus dem Ort, der Gegend oder dem Land stammen.
- Wenn die Angabe für besondere Eigenschaften steht, darf diese nur benutzt werden, wenn die Waren oder Dienstleistungen auch diese Eigenschaften aufweisen.

5 Absolute Schutzhindernisse kennen

- Marken, die nicht zur Unterscheidung von Waren oder Dienstleistungen geeignet sind.
- Marken, die ausschließlich aus Zeichen oder Angaben bestehen, die Waren oder Dienstleistungen sachlich beschreiben.
- Marken, die ausschließlich aus Zeichen oder Angaben bestehen, die im allgemeinen Sprachgebrauch zur Bezeichnung der Waren oder Dienstleistungen üblich sind.
- Marken, die geeignet sind, Personen über Art, Beschaffenheit oder geografische Herkunft von Waren oder Dienstleistungen zu täuschen.
- Marken, die gegen die öffentliche Ordnung oder die gegen die guten Sitten verstoßen.
- Marken, die Staatswappen, Staatsflaggen oder andere staatliche Hoheitszeichen oder Wappen eines inländischen Ortes enthalten.
- Marken, die amtliche Prüf- oder Gewährzeichen enthalten, die von der Eintragung als Marke ausgeschlossen sind.
- Marken, die Wappen, Flaggen oder andere Kennzeichen, Siegel oder Bezeichnungen internationaler zwischenstaatlicher Organisationen enthalten, die von der Eintragung als Marke ausgeschlossen sind.
- Marken, die bösgläubig angemeldet worden sind.

6 Relative Schutzhindernisse kennen

- Eine Marke und die Waren oder Dienstleistungen, für die sie eingetragen worden ist, sind identisch oder ähnlich mit einer bereits früher eingetragenen Marke.
- Eine Marke ist identisch oder ähnlich mit einer bereits früher eingetragenen Marke. Die Waren oder Dienstleistungen, für die sie eingetragen worden ist, sind sich aber nicht ähnlich. Die neuere Marke nutzt aber die ältere Marke aus oder beeinträchtigt sie.

7 Schutzdauer nach dem MarkenG kennen

Die Schutzdauer beträgt ab dem Anmeldetag 10 Jahre. Die Schutzdauer kann dann beliebig oft um jeweils 10 Jahre verlängert werden.

8 Schützbares Design erklären

Design ist eine zwei- oder dreidimensionale Erscheinungsform eines Erzeugnisses oder Einzelteils. Die Erscheinungsform wird geprägt durch Linien, Konturen, Farben, Gestalt, Oberflächenstrukturen, Werkstoffe und Verzierungen.

9 Schutzvoraussetzungen kennen

- Neuartigkeit: Ein Design gilt als neu, wenn vor dem Anmeldetag kein identisches Design der Öffentlichkeit bekannt gemacht worden ist.
- Eigenart: Ein Design hat eine Eigenart, wenn sich der Gesamteindruck, den es bei informierten Benutzern hervorruft, von dem Gesamteindruck unterscheidet, den ein anderes bereits bekanntes Design bei diesen Benutzern hervorruft.

10 Schutzhindernisse kennen

- Die Erscheinungsmerkmale von Erzeugnissen werden ausschließlich durch deren technische Funktion geprägt.

- Die Erscheinungsmerkmale von Erzeugnissen sind notwendig für eine Verbindung mit anderen Erzeugnissen.
- Ein Design verstößt gegen die öffentliche Ordnung oder gegen die guten Sitten.
- Ein Design beinhaltet Elemente von öffentlichem Interesse wie Wappen, Flaggen, staatliche Hoheitszeichen oder amtliche Prüf- und Gewährzeiche und -stempel.
- Die schützbaren Erscheinungsmerkmale eines Bauteils sind nach dem Einbau oder Zusammenbau nicht mehr sichtbar.

11 Schutzdauer nach dem DesignG kennen

Die Schutzdauer für eingetragene Designs beträgt 25 Jahre, gerechnet ab dem Anmeldetag.

12 Unterschiede zwischen Gebrauchsmuster und Patent kennen

- Dauer: Gebrauchsmuster sind maximal 10 Jahre gültig, Patente gelten 20 Jahre
- Gegenstand des Schutzes: Beim Patent lassen sich zusätzlich auch Verfahren schützen.
- Prüfung: Ein Patent wird bei der Anmeldung immer geprüft, das Gebrauchsmuster nicht.

8.1.6 Datenschutz

1 Personenbezogene Daten kennen

a. Die Augenfarbe steht in Bezug zum Namen, es sind also Daten zu einer „bestimmten natürlichen Person".
b. Über das Kennzeichen lässt sich der Name bestimmen, es handelt sich also um Daten einer „bestimmbaren natürlichen Person".

2 Datenerhebung ohne Einwilligung beschreiben

- Die erhobenen Daten sind allgemein zugänglich und eine Interessenabwägung fand statt.
- Es besteht eine rechtliche Pflicht zur Datenverarbeitung.
- Die Verarbeitung liegt im öffentlichen Interesse.
- Die Verarbeitung ist zur Wahrung der berechtigten Interessen des Verantwortlichen oder eines Dritten erforderlich.

3 Datenerhebung mit Einwilligung beschreiben

Der Betroffene muss vor der Datenerhebung über die Umstände der Datenerhebung informiert werden.

4 Besondere Arten personenbezogener Daten kennen

- Rassische und ethnische Herkunft
- Politische Meinungen
- Religiöse oder weltanschauliche Überzeugungen
- Gewerkschaftszugehörigkeit
- Genetische Daten
- Biometrische Daten
- Gesundheitsdaten
- Daten zum Sexualleben oder zur sexuellen Orientierung

5 Anonymisierung und Pseudonymisierung von Daten beschreiben

- Anonymisierung von Daten: Veränderung von personenbezogenen Daten, wodurch Einzelangaben über persönliche oder sachliche Verhält-

nisse nicht mehr oder nur mit einem unverhältnismäßig großen Aufwand einer natürlichen Person zugeordnet werden können.
- Pseudonymisierung von Daten: Ersetzung des Namens und anderer Identifikationsmerkmale durch ein Kennzeichen, wodurch die Bestimmung des Betroffenen ausgeschlossen oder wesentlich erschwert wird.

6 Abwägungsprinzip kennen

Besonders beim Datenschutz gibt es oft Interessenkonflikte. Sowohl der Datenverarbeiter, wie auch Personen, deren personenbezogene Daten verarbeitet werden, können berechtigte Interessen vorbringen.

7 Personenbezogene Daten in Fotos erkennen

- Abbild einer Person
- Autokennzeichen
- Charakteristische Gegenstände (uneinheitliche Sicht)

8 Auftragsverarbeitung kennen

Bei der Auftragsverarbeitung geht es darum, dass Daten an Dritte weitergegeben werden, z. B. bei der Speicherung in einer Cloud bzw. auf einem fremden Server. Damit auch diese Datenverarbeitung rechtens ist, muss auch mit dem Dritten geklärt werden, wie die personenbezogenen Daten erhoben, verarbeitet bzw. genutzt werden dürfen.

9 Cookie erklären

- Cookie: Textdatei, die die besuchte Website mit Hilfe des Browsers auf dem Computer des Nutzers ablegt.
- Opt-in-Verfahren: Der Nutzer wird vor dem Setzen eines Cookies gefragt und willigt in die Verarbeitung bewusst ein.
- Opt-out-Verfahren: Der Nutzer muss eine Verarbeitung von Cookies verweigern (z. B. durch eine entsprechende Einstellung im Browser oder durch Abwählen einer Checkbox).

8.1.7 Internetrecht

1 Rechtsbezüge kennen

- Herkunftslandprinzip: Nein, der Diensteanbieter ist in China niedergelassen.
- Schutzlandprinzip: Ja, die Website ist in Deutschland abrufbar und deutsche Rechte werden verletzt.
- „Commercial Effect": Nein, es ist kein deutscher Landesbezug gegeben.

2 Impressumspflicht erklären

Alle Diensteanbieter, bei denen geschäftsmäßige Inhalte auf der Website vorkommen.

3 Richtige Platzierung des Impressums kennen

Das Impressum muss leicht erkennbar, unmittelbar erreichbar und ständig verfügbar sein, es kann auch erst über zwei Klicks erreichbar sein.

4 Impressumsinhalte kennen

Name und Anschrift des Anbieters, Kontaktdaten, Verantwortlicher für den Inhalt

5 Haftung bei verschiedenen Inhaltsarten kennen

- Selbst bereitgestellte Inhalte: immer.
- Links zu fremden Inhalten: bei bewusster Verlinkung bzw. wenn der Diensteanbieter Kenntnis von der Rechtswidrigkeit hat.
- Fremde Inhalte: nur, wenn der Diensteanbieter Kenntnis von der Rechtswidrigkeit hat und ihr nicht nachgeht bzw. seine Pflichten verletzt.

6 Haftung nach UrhDaG kennen

- Soweit möglich betreffende Nutzungsrechte erwerben
- Blockierung sicherstellen, sobald Verstöße bekannt sind
- Keine unverhältnismäßigen Blockierungen
- Möglichkeit zur Freigabe durch Nutzer schaffen, wenn ein Uploadfilter anschlägt
- Prüfung von hochgeladenen Inhalten

7 Grundlagen für Rechtsansprüche an Domains kennen

- Name
- Firmenname
- Markenname
- Geschäftliche Bezeichnung
- Geografische Herkunftsangabe

8 Rechtslage bei der Verwendung von Keywords in der Werbung kennen

Eine Markenverletzung ist ausgeschlossen, solange die Werbung in einem von der Trefferliste deutlich getrennten Werbeblock erscheint und kein Hinweis auf die Marke, den Markeninhaber oder dessen Produkte enthält.

9 Rechtslage bei der Verwendung von Meta-Tags kennen

Die Benutzung von sachfremden Meta-Tags ist nicht wettbewerbswidrig, solange nicht die Kunden daran gehindert werden, bei einem Konkurrenten zu kaufen.

8.2 Links und Literatur

Links

anwalt.de services AG
Informationen zum Thema Medienrecht
anwalt.de/recht-nuetzlich/index.php

Anwaltskanzlei Hild & Kollegen
Urteile zum Thema Medienrecht
kanzlei.biz/urteile

Böhm Anwaltskanzlei
Informationen zum Thema Medienrecht
boehmanwaltskanzlei.de/kompetenzen/medienrecht

Deutsches Patent- und Markenamt
dpma.de

Dr. Damm und Partner
Urteile zum Thema Medienrecht
damm-legal.de

dejure.org Rechtsinformationssysteme GmbH
Urteile zum Thema Medienrecht
mit Kommentaren
dejure.org

Institut für Europäisches Medienrecht
emr-sb.de

Institut für Urheber- und Medienrecht
urheberrecht.org

Internet-Zeitschrift für Rechtsinformatik und Informatikrecht
jurpc.de

Juristisches Basiswissen
jura-basic.de

Offizielle Gesetzestexte
gesetze-im-internet.de

Prof. Dr. Stefan Ernst, Rechtsanwaltskanzlei für Wirtschafts- und Medienrecht
kanzlei-ernst.de

Literatur

Frank Fechner
Medienrecht
Mohr Siebeck 2014
ISBN 978-3-8252-4360-9

Frank Fechner et al.
Fälle und Lösungen zum Medienrecht
Mohr Siebeck 2016
ISBN 978-3-17-029053-2

Volker M. Haug
Grundwissen Internetrecht
Kohlhammer 2012
ISBN 978-3-8252-3706-6

Clemens Kaesler
Recht für Medienberufe
Springer Vieweg 2016
ISBN 978-3-658-14199-8

8.3 Abbildungen

S2, 1: dejure.org (Zugriff: 04.07.22)
S4, 1: Autoren
S5, 1: Autoren
S7, 1: Autoren
S8, 1: Autoren
S9, 1: Autoren
S13, 1: Autoren
S14, 1, 2: Autoren
S17, 1: Autoren
S20, 1: Autoren
S21, 1: www.amazon.de (Zugriff: 02.08.22)
S23, 1, 2: Autoren
S24, 1: Autoren
S25, 1: www.youtube.com (Zugriff: 01.11.16)
S27, 1: k1x.com/tag-logo (Zugriff: 02.11.16)
S29, 1: pixabay.com/de/kreuzfahrtschiff-bug-schiff-aida-507114 (Zugriff: 02.11.16)
S30, 1: pixabay.com/de/hundertwasser-hundertwasserhaus-wien-1276544 (Zugriff: 02.11.16)
S30, 2: www.google.de (Zugriff: 04.08.22)
S31, 1: pixabay.com (Zugriff: 02.05.22)
S36, 1: horizont.net/marketing/nachrichten/jung-von-matt-netto-spendiert-jogi-loew-eine-siegesparade-zwischen-bio-zucchini-und-grillfleisch-191806 (Zugriff: 21.12.22)
S36, 2: tina-turner-story.com (Zugriff: 04.08.22)
S37, 1: Sixt
S39, 1: Autoren
S40, 1: pixabay.com/de/photos/gelb-umkleide-hallenbad-sport-4719246/ (Zugriff: 03.08.22)
S41, 1: unsplash.com/photos/MF4xsh3bavo (Zugriff: 29.11.22)
S44, 1, 2a: Lucky Strike
S44, 2b: Benetton
S45, 1: Instagram: cathyhummels
S46, 1: Telekom
S46, 2: rotbaeckchen.de (Zugriff: 04.08.22)
S48, 1: oetker.de (Zugriff: 05.10.2021)
S49, 1: mediamarktsaturn.com (Zugriff: 03.08.22)
S50, 1: Mercedes-Benz AG smart
S50, 2: Volkswagen AG
S51, 1: Mercedes-Benz AG smart
S56, 1: register.dpma.de, Calvin Klein (Zugriff: 04.08.22)
S57, 1a: register.dpma.de, Axel Springer SE (Zugriff: 20.11.16)
S57, 1b: register.dpma.de, Deutsche Telekom AG (Zugriff: 20.11.16)
S57, 2: register.dpma.de, Mercedes-Benz Aktiengesellschaft (Zugriff: 11.12.16)
S57, 3a: register.dpma.de, Deutsche Post AG (Zugriff: 20.11.16)
S57, 3b: register.dpma.de, Ferrero Deutschland GmbH (Zugriff: 20.11.16)
S59, 1: www.oui.com (Zugriff: 20.11.16)
S59, 2: www.adidas.de (Zugriff: 11.12.16)
S60, 1a: register.dpma.de, Penny-Markt GmbH (Zugriff: 20.11.16)
S60, 1b: register.dpma.de, Boquoi Handels OHG (Zugriff: 20.11.16)
S60, 2a, b: register.dpma.de, Deutscher Sparkassen- und Giroverband e.V. (Zugriff: 20.11.16)
S60, 3: register.dpma.de, Banco Santander, S.A. (Zugriff: 20.11.16)
S63, 1: register.dpma.de, Design M9706367-0008 (Zugriff: 26.11.16)
S63, 2: Dänisches Bettenlager, Royal Oak
S65, 1: juris.bundesgerichtshof.de (Zugriff: 26.11.16)
S66: register.dpma.de, Gebrauchsmuster 20 2021 101 424.5 (Zugriff: 04.08.22)
S67, 1: register.dpma.de, Patent 10 2019 120 861.0 (Zugriff: 04.08.22)
S70, 1: unsplash.com/photos/mVhd5QVIDWw (Zugriff: 02.08.22)
S72, 1: pixabay.com/de/photos/vertrag-unterschrift-mietvertrag-1464917 (Zugriff: 02.08.22)
S74, 1: Autoren
S75, 1: Autoren
S75, 2: pixabay.com/de/photos/überwachungskamera-sicherheit-kamera-573532 (Zugriff: 22.06.22)
S76, 1: unsplash.com/photos/rDEOVtE7vOs (Zugriff: 14.06.22)
S76, 2: unsplash.com/photos/-2hUn7kCz1s (Zugriff: 15.06.22)
S77, 1: pixabay.com/de/photos/braut-bräutigam-hochzeit-2566244 (Zugriff: 17.06.22)
S78, 1: bergzeit.de (Zugriff: 02.08.22)
S79, 1: fonts.google.com (Zugriff: 04.08.22)
S79, 2: https://analytics.google.com (Zugriff: 04.08.22)
S88, 1: denic.de (Zugriff: 18.04.22)

8.4 Index

Konzeption, Gestaltung, Technik und Produktion von Digital- und Printmedien sind die zentralen Themen der Bibliothek der Mediengestaltung, einer Weiterentwicklung des Standardwerks Kompendium der Mediengestaltung, das in seiner 6. Auflage auf mehr als 2.700 Seiten angewachsen ist. Um den Stoff, der die Rahmenpläne und Studienordnungen sowie die Prüfungsanforderungen der Ausbildungs- und Studiengänge berücksichtigt, in handlichem Format vorzulegen, haben die Autoren die Themen der Mediengestaltung in Anlehnung an das Kompendium der Mediengestaltung neu aufgeteilt und thematisch gezielt aufbereitet. Die kompakten Bände der Reihe ermöglichen damit den schnellen Zugriff auf die Teilgebiete der Mediengestaltung.

Bibliothek der Mediengestaltung